U0781295

妈妈做自己，
孩子就能做自己

黄淑文——著　　小红豆——绘

光明日报出版社

图书在版编目（CIP）数据

妈妈做自己，孩子就能做自己 / 黄淑文著；小红豆绘. -- 北京：光明日报出版社，2016.9（2025.8重印）

ISBN 978-7-5194-1706-2

Ⅰ.①妈… Ⅱ.①黄… ②小… Ⅲ.①家庭教育 Ⅳ.①G78

中国版本图书馆CIP数据核字（2016）第191763号

版权登记号：01-2016-6356

《妈妈做自己，孩子就能做自己》版权声明
本书由台湾天下杂志股份有限公司正式授权

妈妈做自己，孩子就能做自己
MAMA ZUOZIJI,HAIZI JIUNENG ZUOZIJI

著　者：黄淑文	**绘　者**：小红豆	

策　划：双螺旋文化

责任编辑：杨　茹　　　　　　　　　**责任校对**：傅泉泽
装帧设计：三形三色　北京颂煜图文　**责任印制**：曹　净
特约编辑：唐　浒　郭　芳　　　　　**特约技术编辑**：张雅琴　黄鲁西

出版发行：光明日报出版社
地　址：北京市西城区永安路106号，100050
电　话：010-63169890（咨询），010-63131930（邮购）
　　　　　010-63497501,63370061（团购）
传　真：010-63131930
网　址：http://book.gmw.cn
邮　箱：gmrbcbs@gmw.cn
法律顾问：北京市兰台律师事务所龚柳方律师

印　刷：固安兰星球彩色印刷有限公司
装　订：固安兰星球彩色印刷有限公司
本书如有破损、缺页、装订错误，请与本社联系调换，电话：010-63131930

开　本：145mm×210mm
字　数：100千字　　　　　　　　　　**印　张**：8.25
版　次：2016年9月第1版　　　　　　**印　次**：2025年8月第8次印刷
书　号：ISBN 978-7-5194-1706-2-01

定　价：38.80元

版权所有　翻印必究

谨以此书

献给所有迷茫，彷徨的父母们。

愈了解自己，

就愈了解自己的小孩。

目　录
Contents

卷三　女人，你的名字不只是母亲
——妈妈的爱与自我追寻

后记　我曾做过的三个生命实验

幸福小幽默

儿童教育作家　童书妈妈三川玲

当妈妈的初心

　　阅读最大的快乐，就是你可以跟世界上所有的好大脑谈话。最近我在读黄淑文的《妈妈做自己，孩子就能做自己》时，数度有遇见知音之感。我们读过同样的书，被同样的句子触动过心灵。我们都在养育孩子开始思考，有时候，涌入我们脑海的句子都是一模一样的。

　　看淑文的文字令我想起了当妈妈的初心，那就是我决定当妈妈到刚当妈妈那几年，我常问自己几个问题：为什么要当妈妈？我期望孩子成为什么样的人？孩子在迈向他的人生目标的路上，我能够做些什么。

　　从怀孕到今天，我已经当了九年妈妈，也看了几百本教育书籍。但是，我现在的想法和九年前，其实是一致的，这就是所谓的初心不改吧。

我想借此机会，来聊聊我对这些问题的答案。

❀ 第一个问题：为什么要当妈妈？

我决定要孩子的时候已经 32 岁。我可以肯定的是：我不是因为意外怀孕的奉子成婚，也不是为了养儿防老；当然，我也没有指望通过养育一个孩子来弥补人生的遗憾，实现自己未竟的愿望；没有打算通过养育孩子来改变家族的命运。

生孩子对于我来说，是没有任何功利目的的。婚姻对于我也没有。

我曾经这样形容我为什么迫切想要结婚：我实在实在太爱他，跟他分开我很难受，我好想每一分钟都跟他在一起——呀！结婚不就是合理合法理直气壮大摇大摆地两个人在一起吗？——那时候，我觉得结婚真是太好了。

那么如果跟你最心爱的人，还可以一起"做"出来一个新生命，那不是一个东西，而是一个生命，这个生命拥有我们俩的基因，会生长，会长大，会天天变化，会成为我们最亲密的人——我最最同意一句特别俗的话：孩子是爱情的结晶。

这个"结晶"的说法，在我心里是具有特别崇高的地位的，是诗情画意浪漫满屋的。

这就是我当妈妈的理由。

我女儿曾经在四五岁的时候，跟我说，她以前是天上一匹小军马，因为打仗有功，上帝许她到人间耍一耍。她在天上看见地上有一对男女总是亲亲密密，微微笑着的，觉得他们一定对小孩很好。于是天神就用一个篮子装上她，把她送到我们家了。

我很喜欢她的故事，我们不但不是未经她同意带她来世间，我们很感谢她选中了我们。

✿ 第二个问题：期望孩子度过怎样的一生

既然我们是以爱的理由，而不是其他任何俗气或者高尚的理由带孩子来到世间，那么孩子的人生目标其实是方向性的，而不是特别具体的。

孩子是来享受人生的历程的，而不是来受苦的。

我在这里所说的苦，不是指物质的匮乏，而更多的是心灵上的苦。我希望孩子不要受被现实奴役之苦。同样做一件事情，同样付出极多的努力，但我希望他这样做的原因是发自内心地爱做这件事情，而不是因为如果他不这样做，就无法满足父母的期待，无法从竞争中取胜，无法适应这个社会，无法适应现实——他本是一匹天马，他本不需要来人间一遭。

我希望他的人生以幸福为标准，而不是以成功为标准，尽管很多时候，幸福和成功是在一起的。

幸福是一种主观感觉，取决于个人对生活的理解和感受；成功则是一个客观标准，是以结果为导向的。如果我们一切都为最后的成功结果让路，很可能让我们丢失两个东西：一是我们真正需要什么，二是过程中的乐趣。

世界上应该有一张答卷，是别人也许做起来很难，但你的孩子能够轻易得满分的，那就是专门为他量身定制的答卷。

每个孩子都应该有机会追求人生幸福，幸福是亲自努力成为了期待中的自己。

✿ 第三个问题是，孩子在通往幸福之路的过程中，妈妈应该做些什么？

父母对于子女的意义，有点像母鸡孵小鸡。没有母鸡一直提供的温度，小鸡无法从壳里孵出。但是，如果母鸡孵的是一块石头，无论母鸡如何努力，也不会孵出小鸡来，更不用说以后成为一只美丽而且果敢的小鸡。

我赞成蒙特梭利的观点，儿童自有其精神胚胎。我们要提供合适的温度，让儿童的精神胚胎发育，但我们千万不要自大到以为，儿童的精神胚胎是我们通过教养给予的。

父母如果夸大自己的作用，就会给自己施加巨大的压力：总觉得是自己没有能力让孩子读最好的幼儿园小学，所以孩子成长得不好；总觉得自己为孩子做得不够多，所以孩子没有长好；总觉得自己"管"孩子不够到位，所以孩子成长得不好。

做本分之外的事情一定会很累而收效甚微，同时，这些疲累还会转化成父母的焦虑，孩子的压力。

父母如果夸大自己的作用，还会去做孩子本应该自己去做的事情，这倒是给了父母奉献、牺牲的名声，但是，孩子却因此无法发展自己的能力，无法取得完成一件艰难任务之后的价值感和满足感，这是从最根本上剥夺孩子的人生幸福。

父母不必成为孩子人生之路的助推器，父母只需要在孩子萌发内心热情的时候，不阻止即可。

回到我们带孩子来这个世界上的初心，这是爱的结晶。如果要让我说父母最大的意义是什么，那排在当之无愧的第一，甚至是唯一的，是"爱"。父母是最应该让孩子感受到爱意，感受到人与人之间的亲密关系，感受到生活美好的人。一切妨碍父母与孩子之间相爱的事情，都应该被禁止。

其实，就像淑文的书名说的那样，父母做好自己，孩子就能够做好自己。

我们都是这个世界的孩子，我们来世界的所有目的，就是"做好自己"。

我最近在旅行，无论是加油吃饭逛景点，那些友善的工作人员都会以这样一句话结束：

Enjoy your trip！

人生是一场最伟大的旅行，让我们全身心享受吧！

淑文的教养智慧，
我们太需要这样的营养

　　终于有时间再次品读黄淑文老师的《妈妈做自己，孩子就能做自己》。淑文在书中提及 2012 年一家四口来南京的情形。那是 7 月 3 日到 14 日，我们邀请淑文一家人，同时邀请了美国亚利桑那州图桑国际学校 10 个家庭，来行知小学开展文化浸濡活动。确切地说，那是我们学校第一次接待美国家庭，我担心力不从心，便向淑文的先生台湾 Power 奖（台湾教师年度奖，一年只有 1 位获奖者）获得者杜守正老师求援，没想到，杜老师带来整个家庭支援我们。我记得杜老师教美国孩子玩扯铃，造纸，淑文和两个孩子在一边参与、协助，最后一天，我们在南京长江三桥下边举行告别会，杜老师又弹吉他，又吹口琴，淑文拿着歌谱，小红豆站在爸爸的背后，拿着口琴，娴熟地配合着吹奏，元椿则在一旁拍照。长江边的那一幕动人的景象，令人感动，难以忘怀。我们特别邀请了《生活教育》

杂志社和浦口电视台记者来学校访问，一起探讨大陆家庭、台湾家庭和美国家庭，在子女教育和家长自身成长上的种种问题。面对记者的提问，儿子元椿说，爸爸比较严格，妈妈比较随兴，加起来刚刚好。一番话引起了大家的感慨和深思。

那次来南京，淑文送我 2008 年写的《最长的辞职信》。从那以后，这一家人更加令我刮目相看了。2011 年 5 月 7 日到 14 日，杜守正老师带着自己任教的水源国小毕业班的孩子来行知小学交流，让我有机会了解杜老师是如何经营一个精彩的大家庭的。而见到杜老师一家人，拜读了淑文的书，我又有幸开始领略杜老师和淑文以及两个孩子共同经营的一个精彩的小家庭。

淑文即将在大陆出版的这本书，在台湾出版已经有 4 年了，受到广泛好评。很可惜，我没能更早地看到这本书。这本书真是太好读了，太受用了。我想，我一定会将这本书推荐给南京行知教育集团的家长们和老师们，我要争取请到淑文来行知教育书院开工作坊，细细地导读这本书，让我们的家长和老师从淑文的教养和成长智慧里汲取丰富的营养。这件事，本来在 4 年前就该做了。

在信息化、自媒体、多元价值观涌现的时代，人们被各种资讯包围着，越来越多的家长面对孩子的感觉是恐惧、悲伤、疑惑、愤怒、软弱，而淑文却透过的她真诚、细腻、幽默、充满灵性的笔触，让我们看到了一位母亲的从容、喜悦、通达、平和、有力，更是以她勇敢的实验、广博的阅读、深入的思考，为许多迷思中的父母揭示了成功教养、有机教养的奥秘：关键在于做自己——"快乐来自于按照你自己的价值观享受人生，来自于接纳真实的自我"，"借由养育孩子，修剪自己生命的枝叶，圆满自己的人生"。

这本书的那些故事平实动人，生动传神，引人深思，很多观点新颖独到，触动心灵，引发共鸣。十几天操办寻根之旅夏令营，与世界各地的青少年亲密接触，我的许多感受都能从淑文的书里面得到印证。海外华裔青少年在寻根，我们自己何尝不也是在寻根啊。看到营员们在活动过程中的精彩表现，特别是看到他们在闭营式上的风采展示，我感到我们又一次低估了这个时代的孩子。于是我在夏令营告别讲话中说了4句话：无比真诚地感激，发自内心地赞叹，心悦诚服地学习，满怀深情地祝福。我们就是要向淑文那样对待孩子，向孩子学习，家长的教育力量来源于自身的成长，相信做好自己，"活出你自己要给孩子的典范，孩子自然就会成为他们所看见的人"。

两周后，我就要去台北拜访淑文、守正、元椿和小红豆了，我要当面向淑文发出真诚的邀请。我相信这本书和这个台湾家庭所讲述的故事，所积淀的文化力量，一定会带给大陆的父母和老师们无比的感动，无尽的启示。

2016年8月6日

我的故事，我的旅程：
打开自我的坛子

无意间，读到毕加索对自己的剖白："艺术家是来自各处感情的容器：从天空，从地上，从一片小纸，从一消失的形状，从蜘蛛的网。"

我的脑海浮现了两个图像：一个是童年的我，一个是父亲的脸。

童年的我非常喜欢幻想，从地上的小洞、挂着露珠的蜘蛛网，到天上的白云，总有编不完的故事。我的志愿是当作家、画家、心理学家，探索世间隐匿的心灵，但严肃务实的父亲觉得那是没有意义又不会赚钱的行业。

即使内在有一个"感情的容器"，充满各种渴望，但严厉的父亲总有一种令人畏惧的权威，让我又爱又怕。即便想不顾一切地忤逆他，最终还是默默地顺从，遵从他的安排。

有好长一段时间，我恨父亲不让我走想走的路、做想做的事。我变成一个压抑的乖小孩，关闭了所有感情的窗口，觉得内在有一股庞大的能量无从宣泄，只好拿一把钥匙，狠狠锁住自己的想望，再也不去探看内在的自己。

直到我当了两个孩子的妈妈，借由生命的回转和反思，我突然从妈妈的角色，逐渐反过来了解自己的父亲，才发现父亲的内在和我一样藏着非常细腻而丰沛的感情。他之所以用权威牢牢密封着他的感情，是因为他爱孩子却不知如何表达自己，更不知如何面对属于父亲的软弱、焦虑和哀伤。

原来，每个人的内在，包括我的父亲，都藏着一个"感情的容器"，却没有人教我们去探看、触摸、接纳。有可能连我们的父母（或我们自己）都不知如何去面对，该透过什么方式才能找到自己，更遑论成全子女走自己的路。

家庭治疗大师萨提尔比拟这个感情的容器为"自我的坛子"。她说："每个人都有一个自我的坛子，有时装着喜悦、活力和安全感，有时候装着讨厌、自责和颓丧。"不管坛子装的是什么，都是独一无二的，你可以修补它、清空它，再重新装满，却不能为了任何一个人违背自己，放弃自我。

萨提尔写的"尊重自我"，让我看了热泪盈眶：

"我就是我。天地之大，没有任何人像我一样。

有一些人某些部分像我，但没有一个人完全和我一模一样，

所以，一切出自于我的，都是真真实实属于我，

因为那是我个人的选择……

我拥有我的幻想、我的梦想、我的希望、我的恐惧。

我拥有我所有的胜利和成功，我所有的失败和错误。

因为我拥有自己的一切，我可以和自己成为最亲密的朋友。

这样我可以爱自己，并且和我的每一部分友善相处……

我知道自己有一些地方让我困惑，也有别的部分是我也不明白的，

不过，只要我对自己友善且亲爱，

我就能勇敢地，满怀希望地寻找困惑的解答，

并且寻求方法，更了解自己。

不论我说什么、做什么、想什么或感受什么，这都是我，

真实代表了那个时刻我的情况。

稍后当我回想当时自己，看起来、听起来的样子，

自己说过的话，和做过的事，还有自己的想法和感觉，

有些部分也许显得不合时宜，

我可以摒弃那些不合宜的，而保留那些经过证明后合宜的。

并且创造一些新的，以代替那些被我摒弃的。

我可以看、听、感觉、思想、说话和做事。

我有足以生活下去、与别人亲近和创造的工具，

并且能够使我周围的人、事物，呈现出意义和秩序。

我拥有我自己，所以我也能掌握自己。

我就是自己，而且我很好。"

我一遍遍地看着萨提尔的这篇短文，重新审视自己一直不敢探看的内在，也重新探看自己的坛子装的是什么？它是丰盈而满溢？还是枯竭而哀伤？还是早已裂开，等待修补？我是否如他所言，和自己成为最亲密的朋友？难道过去紧紧锁住我的，不是父亲，也不是任何人，是我自己？

有时，我们的自我领悟太慢，傻傻地等到确切知道自己要的是什么时，已经太迟。三十五岁那年，取得先生和家人的支持，我终于鼓起勇气辞去教职，成为文字创作者，一边照顾孩子，一边圆自己儿时的梦。我告诉自己，与其遗憾与空想，不如给自己更多的可能。至少努力过，踏踏实实地为自己活过，哪怕后来不尽人意，活着，就没有遗憾了。

从二〇〇八年《最长的辞职信》到现在这一本书，从抒发自己，到解构自己。我用手中的笔一层一层由外往内把自己剥开，掀开生命的底层，探看自己数不清的童年和过往的记忆，在笔尖和泪眼中，缓缓流动着。

当我愿意真诚地面对自己，往生命的深处走去时，我才猛然察觉，真正的父亲和现实生活中的父亲，不全然一样。有时候，也许你以为你恨一个人，说不定心底深处里是深深爱着他的。现实中的我们和深处的自己，是不是也有同样的反差？

过往的生命历程，深深影响我的人生观和教养方式，因此我总

是鼓励妈妈在陪伴孩子的同时，也和孩子一起探索自己。这几年来，除了开心地看见两个孩子活出自己的味道，最值得欣慰的，应该是我除了扮演母亲的角色，也把自己还原成一个小孩，重新掀开"自我的坛子"，找到童年那个"感情的容器"。用温暖的理解以及爱，找到最真的我，寻回童年的梦，也重新探看属于父亲的坛子。

家，是孕育生命最初的摇篮。

从离开原生家庭，到建立自己的家园，哺育下一代。

我们究竟能给孩子什么样的家？

如何勾勒出家的心灵地图？

卷一
家的心灵地图

家，
是心灵的巢穴

总有一天，我们都会老，而孩子终究会离开原生家庭，走上自己的人生。别担心，儿孙自有儿孙福。喏，孩子真的凭自己的双手，建立了家的雏型。

儿子三岁时，用木头学盖房子，看着屋顶的芭蕉叶，我的心，有个角落被深深地触动了。

我和先生都来自南部乡下，孩提时代就住在这样的红砖平房，度过美好的童年。为了重温儿时旧梦，我和先生租了一栋老房子，咦？怎么和儿子三岁盖的房子，有点神似。

没想到，在山间田野中长大的儿子，有一天居然心血来潮，想用自己的双手，盖一栋儿时梦中的房子。

两兄妹先搜集被房东砍下来的树干和树枝，瞧妹妹的表情，就知道白手起家多不容易。

不管年纪多大，兄妹俩一定要心连心，互相扶持，同心协力，才能合力斩除刺人的荆棘，抵抗外在的风风雨雨。妹妹年纪比较小，哥哥一定要在背后默默保护她，妹妹若是有难，哥哥一定要马上跳出来拔刀相助。

老天爷，会帮孩子找到心灵的好伙伴。

你一定想不到，倒下来的树干竟然能成为孩子另一个家园，还有漂亮的蝶蛹，一路相陪，等会儿，还会有小鸟飞回树梢，当孩子的邻居。

家，对孩子而言，是秘密的巢穴。（嘘……没有童心的大人，请勿靠近。）

新居终于落成喽！

晚安，元椿、小红豆、狗妹妹小土，还有躲在蛹里的毛毛虫，贪玩还没飞回来的小鸟……

教养是回到自己，
找到情感的根、
土地的根、生命的根

诗人纪伯伦说："你的房舍是你身体的扩大。它在阳光中生长，在静夜中安眠，而且它不是无梦的。你的房屋不做梦吗？不梦想着离开城市，往小林中或小坡顶？你的屋中有平安？有记忆？有美吗？告诉我，在你们屋内有这些吗？"诗人摇着手中的笔，一声又一声地唤着，让庸碌的现代人为之语塞。连我也不禁想问：你呢？你的房子有生命吗？

每次看着孩子用树干、树枝搭建而成的巢穴，内心总有一种回到童年，很熟悉却说不清楚的感动。直到看了法国作家普鲁斯特的书，才被贴切地说出来，有种被了解的畅快。他说："如果你能追寻到记忆中的某个时刻，一点点、一步步将它扩充、蔓延，将它稳固了，就能在不断失去的时光中，收回一片片土地，获得生活的一块磐石。"

我想，成为父母最大的福分就是借由养育孩子，宛如实境模拟般把自己变成一个小孩，重新回到过去。不管过去在原生家庭是伤心的、遗憾的，甚至是无法挽回的记忆，你都可以试着把它转化成美好的养分，从"失去的时光中，收回一片片土地"，成为你和下一代生活的重要磐石。

时光回转像个小孩，像穿越了某个生命的通道，发现你在目前的家庭和原生家庭的"衔接处"，竟然住着另一个灵魂（一个调皮的顽童或一个受伤的孩子）。如果你能褪去大人的外壳，住进这个小孩的心灵，追寻记忆中的某个时刻，定定地看着自己和原生家庭的连结，也许你就能恍然明白，不管是出于命运，或一种难以言喻的因缘，我们自身、包括我们下一代的成长环境，其实冥冥之中，都被家庭某种不可抗拒的力量紧紧牵引着。

结婚之前，我和多数人一样，对家的概念模糊而懵懂，直到有了小孩，透过养儿育女触摸到生命底层的根须，我才猛然察觉，紧紧牵系我们的、那条无形的家庭丝线，是情感的根、土地的根和生命的根。

找到情感的根：了解原生家庭如何塑造你
❀ 你愈了解自己，就愈了解小孩

这几年与妈妈们互动的过程中，有妈妈直言自己和原生家庭没有什么好探索的，童年也没什么遗憾和伤痕。让我想起小说家村上春树在《1Q84》的全集作品中，曾经这样剖析自己："印象中的自己，幼年和少年时代并没有受伤的记忆。家庭没什么问题，学校成绩虽然不算好，不过也还算普通。读书、听音乐、和猫玩耍，做着自己喜欢的事，淡淡地过着日子。后来上普通公立学校，有朋友，也和女朋友约会，常常外出游玩，度过平稳无事的少年时代。

"虽然读了很多书，但不知道为什么一直到二十九岁以前都没有想写小说的心情。直到离开大学后开始开店，背着贷款，每天辛苦的工作，到了二十九岁的某一天，突然觉得自己好像可以写。刚开始，只是想到什么就写什么。然而，写了一段时间后，村上春树却渐渐知道一件事，那就是'幼年时代、少年时代，自我其实仍受过各种伤痛。说起来，不管任何人，在什么样的环境长大，成长的过程中都会分别受过伤，都有被伤害过。只是没留意到那件事而已。'"

村上春树坦言，《1Q84》中出现的那些所谓受伤的人，虽然被极端扩大、夸张化，却也是自己的投影。但他觉得自己并不是在责备父母或批判双亲，因为"父母也尽了力，任何动物都一样，都会把活下去该知道的 know-how（技能）传递给孩子。"

透过书写才开始挖掘自己的村上春树，把写故事的过程比喻为挖洞，"刚开始以为自己里面没有故事，只能在脚底默默挖下去。挖得愈大愈深之后，检验自己的程度变得愈来愈深，就能从不同层面不同角度看事情。在持续挖掘之间，腰腿的力量强壮起来，就可以由内而外挖出更多的故事。那些故事说起来，终究是从自己的根部出来的东西。把根部拉出表面，有些情况自己也非常难过，有时甚至连不想看的东西也不得不看。"

我觉得养孩子的过程，和村上春树书写的过程很像。刚开始我们只是盯着小孩的成长，没有自觉要把目光转向自己，等到孩子愈来愈大，你会发现你对孩子的管教态度，取决于你内在的人格特质。而你内在的性格其实取决于原生家庭如何塑造你。当你学习用长大的眼睛重新审视儿时的自己时，你会发现你愈了解自己，就愈了解自己的小孩。

还有一种情况是，有一天你发现孩子的缺点，竟然正好是自己的一部分，尤其这个缺点造成你和另一半的激烈争执时，就如同村上春树所言，不得不从自己的根部往内挖掘，有时不想看的东西也不得不看。因为，这个要命的缺点造成你和另一半争执的纠结点，很有可能是幼年的际遇种下的根。你不得不把过去联系你和原生家庭情感的根部拉出表面，好好瞧个清楚，了解问题的所在。

也许你会恍然察觉，原来，孩子有你童年的影子。当你愿意回到原生家庭找到你情感的根芽时，孩子便成为你探看自己的镜子。养孩子，另一个自我成长的层面，好像也在养自己的心，借由重新修补，自己也因此活得更完整。

找到土地的根：亲近故乡、在地生根的教养
🍀 不管孩子飞多远，都不会忘记回家的路

日本作家向田邦子曾经说："回忆，就像老鼠炮，一旦点着了火，一下子在脚边窜动，一下子又飞往难以捉摸的方向爆炸，有时候吓着了别人，自己也会被自己吓一跳。"

是啊，一旦你开始往内心探勘"挖井"，拨开横阻在你和内在的自己，几十年被岁月和柴米油盐淤积囤塞的淤泥，刚开始只是轻轻的搔痛，涵藏一丝丝酸酸甜甜、模模糊糊的记忆。一旦挖掘到内心底部的活水层，那不顾一切蜂拥而上的泉水，瞬间就化为百味杂陈的往事和无可抑止的泪水。

也许是这个缘故，有时候我们很怕痛，常常怀念一种味道，却又害怕闻到它的气味。很想搞清楚自己的困惑和纠结，却又不敢追根究底想得太清楚。但，最终我们还是要面对啊，就像我们终究要回家一样。

每一次回故乡台南，火车一到云林、嘉义，闻到一股来自嘉南平原的家乡味，眼眶便不知不觉温热起来。曾经，我讨厌故乡的落后、贫瘠和空乏，而今当我随着火车的行进，进入几十年的时光隧道，扑鼻而来的青草味，潺潺的流水声，点点滴滴儿时的记忆，却让我迫不及待地飞奔向前。

即使爸爸去世多年，在异乡想起爸爸仍觉得他还在家门口等我；虽然已经四十几岁了，却一直记得五岁时，三十岁的妈妈挺着大肚子倚在门口，等待爸爸载她去医院生小妹的情景。时间，好像魔术师，把时而模糊、时而清晰的儿时记忆，不分逻辑次序地全部搅和在一起，让记忆中的我，像黑白照片停格在某个瞬间，永远像个小孩，不会变大，也不会变老。

家乡的老人早已生命凋零，儿时的玩伴也早已离乡远行，但乡间的老树小花小草依然记得我，它们容许我儿时的幼稚，包容我少年的叛逆，在我伤心挫败、无人倾诉时，伸出它们的躯干抚慰我，而今仍然像个老朋友，一直在某个角落默默地等着我回家。我的眼泪在眼眶里打转，心里轻轻地叫喊着，是的，我回来了！我的根在这里，不管我飞多远，都不会忘记回家的路。

这或许是为什么离开家乡多年，仍住不惯都市的繁华，而选择住在隐匿的山间和大树小花小草为伍的主要原因。土地的根须，从台南到淡水，哪怕经过多少的风风雨雨，人事的变迁，几十年来像剪不断的脐带紧紧抓住了我，成为我的养分和不离不弃的依靠。很自然地，在我成为母亲之后，我选择了一种亲近土地、亲近故乡、在地生根的教养。我希望土地的根须不仅牢牢抓住我，也紧紧抓住我的小孩，我希望他们永远听得见原野的呼唤和土地的心跳。

想想，如果有一天你的孩子到异地求学，甚至移居国外，当他从国外入境回故乡，踏进机场的那一刻，牵引着他回到原生家庭的旅程中，他会想起故乡的什么呢？是丰饶有趣的儿时体验？父母亲温暖的怀抱和陪伴？还是单调乏味的补习生活？或者只是成天在家里埋头玩电动、沉迷于网络游戏？

讶异的是，已有愈来愈多的父母"拿3C喂小孩"，以网络游戏当作孩子童年的"保姆"，愈来愈多的孩子被电视、电脑、手机、网络游戏喂哺长大。虽然高科技网络多媒体是未来的主要潮流，但它的声光影像往往是虚拟的、人为操控的。对孩子而言，父母亲和网络"保姆"最大的不同在于，父母是活的，是肉贴肉、心连心感情的存在，那是计算机屏幕和触控式的网络游戏无法给予的。

我的意思并非完全排斥网络游戏。事实上，网络游戏也有娱乐的功能，父母可以陪着孩子一起玩，却不能放任孩子沉浸其中，甚至完全取代父母。想想，一个人的童年只有一次，童年一去不复返，电玩、手机却在每个阶段随时随地、甚至只要有钱便可以拥有，又怎么能够取代"只属于自己"的亲情，和长大后"有钱也买不到"的童年经历呢？

有很多人感叹，这一代孩子的灵魂好像都空空的，那是因为他们活在网络的虚拟世界，生命的根须离土地太远了，找不到可以归根的地方。故乡就是泥土，如果孩子的童年只是紧紧黏住电脑和网络游戏的屏幕，而没有闻过家乡泥土的味道，长大后又如何循着故乡的气味，踏上归乡寻根的旅程呢？

因此，我和先生对两个孩子的教育，总是从孩子的出生地淡水为中心，再将触角往外延展到新北市、台北市，以及台湾各地。不论是陪伴孩子在山中的小径探险，在溪流戏水或在草地上奔跑打滚，参与各种庙会庆典、老街踏查、生态露营，或到图书馆演艺厅看演出、听故事，我们总是想办法帮助孩子在生长的土地，伸出感情的触须，在自己的故乡生根。

从学龄前到小学，孩子在山上有一群共游共学的玩伴，还自己组成"忍者队"，假日相约在他们的"秘密基地"打球戏耍。也许是在大自然中成长，扎根于土地，能量比较饱满厚实，两个孩子从小的生命力和容忍挫折的韧性都很强。

有时我会想，如果我真的想借这本书大声地说一点什么，那一定是每次看到有些孩子被父母关在家里，或和父母一起成为"低头族"关在网络世界，都非常不忍心。因为年幼的孩子正在成长，其实很需要空间自由伸展，他们要在开阔的土地尽情奔跑，和蓝天、小鸟、清风、太阳同步呼吸、同步欢笑，才能长得好，活得快乐。孩子跟大人不同的地方，在于孩子是开放的、丰富的、好奇的。有些东西也许你已经失去新鲜感，他们却还兴致勃勃跃跃欲试。孩子的心灵就像发电机，当你已经筋疲力尽，他们却还神采奕奕精神饱满。

倘若孩子成长的故乡是都会，不妨让孩子参加自然生态体验营，或从都会附近的山间小道、小区公园开始踏查，寻访有特色的古厝、店家，或拜访当地的艺术家，甚至可以像意大利作家卡尔维诺一样"发挥想象力，为你的城镇创作一幅画像，想象你在画中遇见的每样事物，都充满魔法、夸张变形……采用你偏好的记录方法，什么都行。"我想，只要父母愿意回复好奇的童心，陪着孩子在生长的土地探索，把家乡的每一栋房子、每一条溪流、每一棵树，都当作有生命的个体去观察、去对话，自然能帮助孩子打开耳朵聆听，用双手触摸，用嘴巴品尝，用五官摄取故乡的影像，不管将来孩子飞多远，沿着童年走过的轨迹和曾经有过的感动，都不会忘记回家的路和原乡的呼唤。

找到生命的根：回到人的本质，坦承自己的不完美
✿ 将心比心鼓励孩子，等待孩子的成长

如果，童年的故乡是我们成长的原乡，那么，原乡的呼唤其实是一种生命的回归。很多人到了五六十岁，突然发现自己开始用"减法"过日子，生活回归俭朴，向往童年的单纯。生命绕了一大圈竟发现，自己想做的只是一个简单平凡的人，拥有凡夫俗子的七情六欲，尽管有一些小缺点，却过得很自在。

当了妈妈之后，一直很喜欢家庭治疗先驱萨提尔的作品。她说，家庭是塑造人性的地方，每个人都是家庭价值观的呈现。如果，我们把家庭比喻为一艘船，一家人在人生的大海航行，父母就是船长，首要责任当然是教导孩子认识眼前高低起伏的风浪，潜伏在海底危险的冰山。也就是说，父母不只守护孩子避免危险，还要陪伴孩子在载浮载沉的人生大海，体会各种真实的人性，进而锁定目标，航向自己的人生。

可惜的是，父母虽然爱着孩子，也希望孩子过得好、长得好，但父母最大的毛病，是往往忽略孩子也是一个"人"。一般父母教养子女的蓝图，总是充满完美而过于理想化，一味要求孩子，却没想过自己本身的生活，有时也有一些要命的缺失

和力不从心的沮丧。

萨提尔的理念深深影响着我，在我为人母之后，回到人的本质，以"人性的角度"同理孩子，并且努力在孩子面前"活得像一个真实的人"。换句话说，父母愈真实，愈不像高高在上的操控者，就愈能站在孩子的立场理解孩子，拉近你和孩子之间的距离。

曾有学者统计过，一个五岁大的孩子，就已经和外界发生过六万种互动。让我想起，战争时期有很多孤儿、婴儿被送进医院，得到医学和生理上各种照顾，却在短短几周内一个接一个停止生命的呼吸。一位心理医师察觉到这些婴儿也许需要一些"心灵的食物"，于是规定凡是进入婴儿房的人，不论医生、护士、工人，都需要花至少五分钟的时间抱抱婴孩，和他们说话玩耍。突然间，死亡停止了，婴儿开始发出咯咯的笑声，开始正常成长。我想，即使搂抱婴孩的人没有当过父母，应该也会被这种爱的奇迹所撼动。

爱，是一种能量的转移和流动，也是身为一个人基本的渴求。如果你意识到孩子也是充满人性的个体，自然就会赋予孩子像人一样的尊严和尊重。有些父母常以为孩子幼稚无知，潜意识以为自己是大人，自然比儿女来得有尊（威）严。想想孩子是什么呢？他们只是年纪比较小，却和大人一样是人类，当然一样具有同等的生命需求——需要爱与被爱。因此，我陪伴孩子成长的过程中，总是把"大人"的"大"字（也就是权威）拿掉，回到"人"的本质，把孩子当作一个完整的人去尊重、去对待。

什么叫做"完整的人"呢？

一个完整的人，具有生命各种不同的面貌，会经历生命各种高低起伏，有坚强有软弱，有优点也有缺点。也就是说，只要是人，不管是大人或小孩，都会受伤流泪，也会渴望得到别人的关爱和肯定。

可惜的是，大人在管教小孩时，常常过于急切地告诉孩子"什么应该做、什么不可以做"，或者"不听话就会导致什么可怕的后果"而忽略孩子真实的感受和实际面临的困境。我常听到许多青少年在背后嘲讽大人："爸爸妈妈只会嘴巴说教，事实上他们要求我们的，自己都做不到。"

《爱、生活、学习》的作者利奥·巴斯卡利亚曾直言不讳："父母该是孩子的第一位教师，却未必是最好、最完善的老师。当我们还小时，总把父母想象成一个完美无缺的人，长大后发现父母的缺点后，往往变得非常失望和愤怒。或许决定孩子是否成年的关键，在于面对并了解到父母也像我们一样是平凡人，有烦恼、有错误的见解，也有喜怒哀乐。"

因此，我和孩子相处时，不会刻意隐藏自己的脆弱和缺点。我的孩子知道妈妈的优缺点，甚至知道妈妈有些缺点可能一辈子都改不掉，但一点都不妨碍他们对我的感情。我是个不完美的大人，也承认自己的不完美，因此更能体谅我的孩子为何在某些方面无法符合我的期待，而更能鼓励孩子，等待孩子的成长。也许，许多大人害怕在孩子面前暴露自己的弱点而让自己失去尊严，事实上，承认自己（人）的不完美，反而能让自己和孩子的心灵更加接近。

打个比方，也许你觉得你的孩子"应该"要善解人意、体贴他人。在你说出自己理性的期待之后，不妨也坦承自己有时无法做到，并进一步分享你过往的体验和挫折，同时也说出你亲身体会而来的方法，希望孩子和你一起努力。这样的表达方式，说不定更有说服力，也更能打动孩子。

记得七年前刚开始投稿写作，常常被退稿，最高纪录连续被退了九次，第九次收到退稿通知时，忍不住在电脑桌旁哭了起来。受到两个孩子的安慰和鼓励，才鼓起勇气投第十次，终于成功了。收到两千元的稿费后，便开开心心请孩子吃大餐分享我的喜悦。

孩子的眼睛是雪亮的，当你努力活出自己，想办法突破瓶颈，当有一天孩子遇到同样的挫折，只要你拍拍孩子的肩膀，说一些安慰的话，孩子马上能感同身受明白你不是在说教，而得到你的鼓舞，奋力再起。

孩子的心灵敏锐而直接，即便是学龄前的孩子，也能分辨出父母的"心、口"是否真的合一。因此，你愈真实，愈不像一个只会说教的控制者，孩子反而更能敞开心灵和你谈心，并接受你的建议。

有个妈妈在我的博客写了一段动人的分享。她说，孩子出生时她才二十四岁，当时觉得养孩子是一种麻烦，不想待在家里带小孩，只想出去工作接触人群。八年后，年纪渐长，她却庆幸自己没有错过孩子的成长。因为养孩子让她重新省思，如果希望自己在孩子眼里是个怎样的妈妈，就必须努力去改变自己。因为陪伴孩子，反而让她重新体会生命的意义，重新发掘存在的价值。

与其长篇说教，不如自己身体力行。也许，我们可以把养小孩当作生命的反省和关照。只要你能用成长的角度，用人性的理解来看待自己、看待小孩，那么，你就不至于老是因为"望子成龙"的过度期盼，而把自己和小孩压得喘不过气。相反的，你可能会花一点时间思索，如何让孩子活得更快乐、更有人味？如何让孩子适才适性发挥所长，发出内在本有的光芒？更有可能的是，你会花一点时间和孩子分享你的生活、你的梦想、你的瓶颈。

人，是感情的坛子，坛子里可能装满正向的自信，也可能承载着负面的悲伤。萨提尔博士说："孩子还小时，是透过父母传出的讯息来看待自己是一个怎样的人。每个人自我的坛子装什么，不是天生的，而是学习来的。你的孩子正从你所创造的家庭，随时随地学习他的坛子装着什么。"

你想为自己的坛子注入更多的爱、温暖与体谅吗？你想为自己的家庭，烙刻什么样的心灵地图呢？如果你想让孩子成为一个怎样的人，就先自我期许，让自己先成为那样的人吧！

爱自己的优点，也爱缺陷

前几天，我跟儿子说，小时候我是左撇子，被强迫换成右手后，一直没好好利用，所以左手累积很多能量，力气很大。

我从儿子的眼神看出他不以为然，决定跟儿子比腕力。儿子太过轻敌，三两下就被我击败。他很不服气，决定认真和我一较高下，哪知不管用左手还右手，全都败给我的左手。儿子这下子才开始紧张，使出全身的力气企图击败我，我也使出全身的力量努力击败他，比到两个人的力气完全用尽，瘫在椅子上，笑到肚子痛。

最后的结果，当然是我的左手大获全胜，我得意极了。儿子虽然心服口服，却不明所以。等他大一点我会告诉他，妈妈会赢是因为我走过左撇子的创伤，知道如何爱自己的左手，常常按摩它，跟它说话，训练它为自己做事，不知不觉就储存很多能量。

人生有许多转折，要靠自己努力，才能从负面走到正面。生命难免都会有创伤，只要自己愿意面对，都可以自我疗愈。疗愈后的自己，不但比以前更坚韧、更有自信，也会为自己带来强大的力量。

学习爱自己的全部，爱自己的优点，也爱自己的缺陷。很多创伤，都是因为爱，才有办法愈合的。生命都是因为这样，才会产生无与伦比的力量啊。

吾家有女初长成

什么时候，孩子才会通过种种的考验破蛹而出，从毛毛虫变成蝴蝶，飞向自己的天空？

去年某一天，小红豆突然跟我说，她想在家门口宿营。我以为她在开玩笑，没想到，早晨醒来竟发现，她正安安稳稳地睡在帐篷内。

原来，昨夜小红豆真的舍弃空调房不睡，独自在家门口睡了一晚，狗妹妹杜小土正静静地守护着她，一阵温热的感动，猛然扑上我的心头。帐篷内的小红豆，睡得又沉又甜，好像小菩萨。

当年呱呱落地的小红豆，就像绿叶上的一颗小卵，曾几何时，小卵已长成一条长长的毛毛虫。老是喜欢躲在自己的"蛹"里，用自己的方式，证明自己不再是个小娃儿。

这是所有为人母的心情吗？总是透过生命的缝隙，眯着眼睛，在孩子的身后偷偷地观看。

什么时候，孩子才会通过种种的考验破蛹而出，从毛毛虫变成蝴蝶，飞向自己的天空？

小红豆，妈妈相信你会用自己的方式，证明自己可以独立、长大。

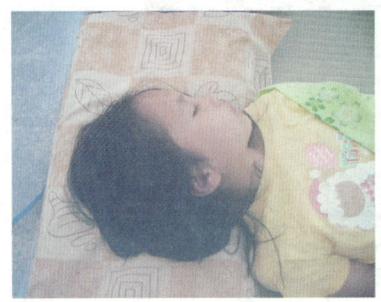

◎一颗小卵，躲在自己的"蛹"里，用自己的方式成长。

容许孩子寻找
自己的宇宙

∿∿∿∿∿∿∿∿∿∿∿∿∿∿∿∿∿∿∿∿∿∿

帮助子女通过"蛹"的考验，找到自我的图像

这一篇图文创作以《吾家有女初长成》为题发表在博客，引起网友热烈回响：

"以天为帐、以地为席的小女孩，砖造老平房，小土狗守护着小主人的画面，好动人呢！"

"我也来顶楼试试看~"

"好可爱的小帐篷，享受大地是我家，天空是帐幕，与星月天地共眠的野趣，很像神仙故事里的情景！"

"将自己打理得这么舒适恬然，在炎热的夏夜独自宿营，小红豆比我们都更亲近信任大自然，真好！"

最开心的是，有个妈妈因此动念改变做法，"儿子要我帮他买个睡袋，他想要晚上睡在顶楼阳台，半夜可以看星星。我没答应……就不放心呢~（儿子刚考完基础测试，个子都比我

高了，也不知道到底不放心什么。）看小红豆这样睡得香甜，我真该学着放手……就去帮儿子买个睡袋吧！"

孩子在某个时期似乎很需要独处，跟天上的星星说自己的梦想和秘密。记得以前当中学老师，班上有个男孩在周记书写，放学回家时看见夕阳的美丽和感动，让我印象非常深刻，迄今仍然记得这个孩子写些什么。也许这个时代的孩子，面对的都是冰冷的电脑、手机和虚拟的网络，知道这位读者妈妈的儿子会想要看星星，突然觉得格外感动。

保有孩子纯真的宇宙，每天都有新发现

有个妈妈看到女儿独自宿营，触动了童年的心弦："小时候，我也喜欢在稻田里打滚，拔很多草，铺成床，田埂就直接当成枕头，躺在自己做的床上面，看着天空，那种自在的感觉好深刻、好令人沉醉。我想，有时候独自品尝生活中的美好，也是心灵深处的渴望吧！"

还有妈妈直截了当地问我："家长培养的吧？在这种环境下生长的孩子，好幸福！"

老实说，我并不觉得是刻意培养出来的，反而觉得是孩子生命的本能，自然而然，自己长出来的。现在的我，已经四十

几岁了，却老是想起儿时独自一个人躺在草地上望着蓝天发呆的画面。就连我自己也不明白，为什么这样一个简单、单纯的画面，会成为我中年以后的想望？或许回归土地的怀抱，寄情于大自然的日月星辰，仍是很多人内在隐匿的渴望吧。

日本心理大师河合隼雄曾说："每个孩子心里都存在着一个宇宙。孩子以他们清澈的眼睛看着这个宇宙，每天都有新的发现。孩子心里的宇宙宽阔深邃，大人眼中却只看到孩子幼小的身影，忘了那广大宇宙的存在。其实，大人也有自己的宇宙，只不过，大人因为眼前的现实（月薪多少、如何升迁等），占据了他们的心思，而忘了自己所拥有的宇宙。"

河合隼雄在《孩子的宇宙》一书，还分享了一个两岁孩子心灵的小宇宙："一颗星星，出来了。爸爸，快回来了。"短短的话语，道出孩子透过天上的星星，投射思念爸爸的想念，我们仿佛看见天上的星星一闪一闪的，穿越现实的藩篱，为两岁的孩子带来心灵的抚慰。

记得儿子小学五年级时，开始喜欢穿黑色的衣服。黑色代表神秘、独特，还是孤独与宁静？每次问儿子，他总是很酷地说："就是喜欢嘛！没有为什么。"直到有一天，我无意间看见

儿子在他的博客，放了一张图画"黑夜的星空"，旁边写了一段文字："有明就有暗，明暗总是共存的。就算在黑暗中，仍能有无数的光芒闪烁着，即使是微乎其微的亮光，也能带来一丝光明。"

看着黑暗中闪烁着星光，好像天上的小天使传来吟吟的乐音，我才恍然明白，儿子的内心不仅有个"明暗共存"的小宇宙，还在黑暗中找到自己独特的发光方式。尔后，当我想要传递生活美好的火种，却鼓不起勇气时，儿子的话语："即使是微乎其微的亮光，也能带来一丝光明。"总会适时提醒我，当我遇到挫折时，儿子的哲思就会窜出："有明就有暗，明暗总是共存的。"渐渐地，对自己的挫败就能淡然处之。

大人在世俗的框架待久了，有时未必比孩子高明或更能参透生命的本质，和孩子聊天常常有意外的惊喜。有一次和儿子闲聊时突然想到，如果孩子"心灵的小宇宙"被摧毁了，或者有一天这个世界真的走到尽头，不知儿子会怎么看待呢？我逮住和儿子独处的机会，故意问他："如果世界末日真的来了，会不会很害怕？"没想到，儿子反问我："妈妈，如果大家都死了，活着，还有什么意思呢？"

我的脑海里浮现家人、朋友、学生，一个又一个的身影。是啊，我们是为所爱的人而存在。想想自己所拥有的一切，突然觉得活着本身就是一种幸福。

如同河合隼雄所言："当我们努力想知道孩子宇宙的存在，同时也会发现被自己遗忘的宇宙，而有崭新的发现。"孩子的宇宙是有形的日月星辰，也是大自然的小精灵，借由孩子的纯真捎来心灵的跫音。当我们愿意像孩子一样，敞开心灵以大地为床，聆听大自然的召唤，也许我们就会重新看见自己内心的小宇宙，感受外在阳光的温暖，同时内心也会拥有一个小太阳，在现实的严寒中为自己带来温暖的光亮。

温暖的守护，再怎么叛逆的孩子，都渴望有人了解他

很有意思的是，这篇图文也有不少读者妈妈，有不一样的共鸣：

"九岁的小女孩独自睡屋外，勇气可嘉！"

"你的女儿长大了！开始想要有自己的空间！"

"小小年纪就懂得勇敢走自己要走的路！这娃儿将来会很不一样哦！"

"很有自己风格的孩子！"

"父母懂得放手，孩子才能勇敢做自己！孩子能勇于尝试、勇敢实践，多棒呢！"

坦白说，刚开始我看到小红豆自己一个人睡在帐篷内，当场真的愣住了。没想到女儿真的有勇气独自宿营。也许成长中的孩子（尤其是青少年）都想做一点什么，尤其是别人不大敢做的事，来证明自己的存在感吧。大多数情况下，我们不知道孩子会选择什么样的挑战来考验自己，所以陪伴孩子成长往往要练就强壮的心脏，才能承受孩子各种惊人的创举。

孩子未必要等到青少年才开始叛逆或追求自我独立。不管是2~3岁、5~6岁、11~12岁，有时会发现不同的阶段孩子会展现强烈的自我意识，比如特别爱顶嘴，故意和你唱反调；有时又突然什么话都不想说，让你摸不着他的心思。不管是学业成绩突然一落千丈，或者突然从多话变成极度沉默，孩子一边依赖着父母，一边又想把父母从身边推开，急着独立自主，往往造成父母的焦虑和冲突。

河合隼雄常把孩子这种成长的状态解释为必经的"隧道"或"蛹"的状态。他说，"孩子迈向生命下一个阶段，经过黑暗的"隧道"或经历像"蛹"一样的自闭期是有必要的。如果孩子像蛹一样关在自己的洞穴，父母却老是焦急地在外面命令孩子快点脱壳，或恢复从前毛毛虫的状态，可能只会加剧蛹的死亡，或让毛毛虫失去蜕变成蝴蝶的机会。

蛹到了某个时期就会自己挣脱出来，而隧道也不会永远持

续，终究看得到出口。急遽的变化往往伴随着危险，此时是否
能从危机变为转机，完整地破蛹蜕变，围绕孩子身边的人就扮
演着重要的角色。河合隼雄认为，每个人蛹的时期长短不一，
甚至有的人一生会经历好几次蛹的阶段。孩子何时破蛹而出？
何时找到通往自己灵魂的通道？大人焦急是最要不得的，因为
每个人成长的速度都不相同，父母只要化身为蛹壳，温暖地守
护，避免过度刺激孩子，时间一到，孩子的灵魂自然就会打开
通道。

　　米拉·柯珊保（Mira Kirshenbaum）和查尔斯·福斯特
（Charles Foster）合著的《你的孩子长大了》，有一句话深得我
心："任何青少年，无论外表看来是多么缺乏定性，在他们的
心底深处，其实都希望能为自己找到一个清楚、明确的自我图
像。要是你因不了解他们所经历的过程而想加紧控制他们，你
就愈发刺激他来与你作对。"

　　今年儿子读一年级了，身体和心灵似乎也随着成长产生不
同的变化。前几天，儿子突然跟我说，他最近会莫名其妙感到
心烦。我问他："回到家也一样吗？"他点点头。"看到妈妈也
觉得心烦吗？"没想到，他居然点点头说："如果你一直问，我

也会觉得心里很烦。"

"嗯……"我愣了几秒，紧紧搂了他一下，然后又若无其事地做自己的事。彼此静默了几分钟之后，儿子突然主动跟我说学校的生活，以及他的种种想法。末了，还讲了班上的笑话给我听，害我笑到喷出眼泪，仿佛刚才什么事也没发生。

我知道，儿子长大了，当时的他需要的只是静静地陪伴，让他可以毫无顾忌地发泄情绪。想想我们都曾经年轻，走过少不经事的懵懂岁月，如果我们回顾自己成长的阶段，就能理解蜕变中的孩子，表面上好像裹上一层保护膜，不准任何人碰触，事实上内在却有很多迷惘矛盾，渴望别人了解关心。成蛹蜕变的过程好比走入生命的秘密通道，要通过了，走了过来，才会了解是怎么一回事。

不只是成长中的孩子不喜欢父母干预太多，连我现在四十几岁，已经是两个孩子的妈妈了，每一次打电话回老家，心里都盼着近七十岁的老妈关心我、了解我，而不是在电话一旁自顾自地担心碎念；即使爸爸现在人在天堂，我还是常常在心里告诉他，虽然当年很叛逆，仍渴望得到他的爱与支持。

再怎么叛逆的孩子，都渴望有人了解他。孩子愈叛逆，愈要提醒自己避免剧烈的冲突。因为孩子渴望的，往往只是争取自主权，想要自己做决定，或者仅仅只是想证明自己已经不再是个小孩。我们所能做的，也许只是多一点耐心，多一点等待，给孩子多一点时间和空间"整理自己的人生数据"，像拼图一样，慢慢拼出自己完整的图像。

同样都是爱孩子的妈妈，我能够理解大部分父母急于给孩子意见并希望孩子照单全收，大都是为了保护孩子或怕孩子出了什么意外，与其担心焦急地命令孩子"我要你怎么做"，倒不如约孩子出去吃个饭、喝下午茶，温柔地拍拍孩子的肩膀，把自己的担心和顾虑告诉他，并问问孩子："妈妈可以怎么做？"或："妈妈可以为你做什么？"

和孩子相处，有时不见得要说很多话拼命给意见，安安静静地聆听，用温暖的眼神接纳他的一切，拍拍孩子的肩膀给他一个大拥抱，加一点鼓励和赞美，也是表达爱的一种方式。孩子虽然大了，但单独相处、单独谈心仍很重要。好像在一对一相处时，心与心才会靠得特别近。这个时候，父母只要转个念头、换个语气，就能让孩子觉得自己被家人了解支持，父母也就能呵护孩子通过"蛹"的考验，成为孩子找到自己的重要推手。

生命列车：
请跟我坐上孩子的车

在生命的路上，一定
要记得一件事：你的
手要永远握着方向
盘，不要迷失自己的
方向；你的脚要踩着
引擎，让自己永远有
力量往前。

几乎每个孩子，都喜欢玩车子。
生命本身，不就像一台行驶的列车吗？

每一台生命列车，都有自己独特的样貌，
一旦你出生，跳上了"生命"这台列车，
你得找到属于自己的位置。

我的列车，永远留有空位，让疲惫的旅人，能坐上我的车。

有人相伴，和我共享生命沿途的风景。

没有人了解我，
踽踽独行，我也不会寂寞。

在生命的路上，一定要记得一件事：
你的手，要永远握着方向盘，不要迷失自己的方向；
你的脚，要记得踩着引擎，让自己永远有力量往前。

没错！就是这样。

跟着我们勇敢出发吧！

◎有人相伴，和我共享生命沿途的风景。

打破爱的迷思

~~~~~~~~~~~~~~~~~~~~~~~~~~~~~~~~~~~

每次谈论亲子议题，最常听到的感叹就是："现代的父母难做，这一代的孩子难教。"

其实孩子开始叛逆，想要离开父母的庇护，形成出独特的自我，等到有一天，真正离开熟悉的家庭，并非从此漫无所终或和父母永远脱离联系。孩子最终想要的，其实是建立一个属于他自己的家（不管将来他有没有结婚），并且和父母（或其他人）保持独立而亲密的感情联结。

有一回上电台专访，竟有一位主持人跟我坦言，许多五十几岁面临空巢期的妈妈，开始后悔年轻时为孩子付出那么多。她说，上小学之前，孩子也许还会在意妈妈说什么；上小学之后，孩子渐渐以老师的话唯命是从；上了高中开始在意同伴的认同，听的是朋友的意见；到了大学愈来愈自我，最重要的是"只要我喜欢，有什么不可以"；结了婚以后，有了自己的家庭当然听老婆（老公）的；等到孩子生了小孩，妈妈就变成只是帮忙照顾孙子的附属品，如果没有照顾好，还会被子女嫌弃责怪。末了，这位主持人还重重抛下一句："你想想，妈妈最后落得如此的下场，值得吗？"

其实我听过很多类似的说法，每次我都哈哈大笑："是啊，妈妈本来就不该只为子女而活。我们只是陪孩子走一段而已。"除了鼓励妈妈不要完全以孩子为重心，应该要有自己的人生规划，我也觉得妈妈有必要厘清几个爱的迷思。

迷思一：养育孩子是牺牲奉献吗

陪伴孩子长大的十几年来，接触不少全职妈妈，我观察有些妈妈常自认苦命地为家庭、为孩子奉献牺牲，最后往往苦了自己，也苦了小孩。表面上，妈妈为孩子劳心劳力，像便利商店二十四小时提供爱的服务，彰显母爱的本能和伟大，事实上，全天候紧盯着小孩，却不见得有益于妈妈和孩子的身心健康。

尤其许多全职妈妈年轻时为孩子付出，掏尽了自己的所有；等到孩子长大，竟发现因为照顾小孩，和社会脱节太久，除了养孩子，不知道自己还可以做些什么。晚年因为生活匮乏，加上失去重心，转而依赖小孩，却造成孩子的负担和压力。难怪日本东京大学教授上野千鹤子，会对妈妈提出善意的

提醒："女人的生存之道，不该只是放在家人身上，而要做好一个人生活的准备。"

以过来人的角度来看，可以理解这一代妈妈的为难和辛苦。小时候，为了成全父母的期望，我们中的大多数努力成为"好儿子""好女儿"，如今为人父母，为了保护栽培子女，又成为"好父母"，再度为家庭失去自我。孩子年幼时，一切生活还无法自理，妈妈自然会比较辛苦。倘若妈妈一心只为子女付出、只为孩子而活，来日即使子女长大，也只会抓得更紧，得失心更重。

因此，有智慧的妈妈应该一边照顾小孩，一边和孩子一起成长。除了陪着孩子探索学习，也可以利用零碎的时间培养兴趣，等到孩子愈来愈大，妈妈愈来愈有自己的空间和时间，也许之前培养的兴趣，就可以变成自己的专长和生活的寄托。

迷思二：我这么爱你，你就必须听我的

按照常理，妈妈和孩子相处的时间最多，应该最了解自己的小孩，但为何有那么多小孩（尤其青少年）觉得妈妈很啰嗦，甚至觉得妈妈不了解他？我想，那是因为妈妈常常陷入一种迷失，以为她那么爱小孩，处处为孩子着想，孩子就应该听

她的。不知不觉，妈妈给出的爱就变质为一种"爱的操控"，反而让孩子极力想挣脱这种爱的捆绑，觉得逃离家庭才能得到自由。心理学家罗嘉士曾说："以了解的方式去倾听对方，才能产生真正的沟通。"也就是妈妈不能老是以为你爱孩子，孩子就必须听你的，或者以为自己为孩子所做的每一件事一定都是对的。真正的爱，应该是了解孩子的需要。

我的学生阿岳曾经写过一封信给我，信里直言不讳地点出父母的盲点。他说，很多父母常常选择了错误的倾听方式，不是给批评，就是要求孩子改变想法，误以为自己解决了孩子的问题。事实上，反而让孩子更加挫折，而选择不再对父母说出心里话。父母选择用什么态度聆听孩子的话语，决定了父母与孩子"心的距离"。

阿岳的信给了大大的警醒：孩子需要的，往往只是父母的了解和支持，而不是讲一堆道理。依据我的观察，即便孩子是错的，内心还是渴望父母的接纳和谅解。父母必须先把是非对错的价值观抛在一边，以感同身受的态度包容孩子，才有办法引导孩子，进一步沟通。

迷思三：孩子的表现，是你的成就吗

不管是传统，还是现代，大多数父母都把孩子当作自家生产的"品牌"，孩子的表现，似乎关乎父母的声誉和面子。作为一个母亲，不可否认有时孩子的表现，的确是我们的荣耀。但孩子这一生并不是为了成为父母的奖牌，或为了父母脸上的光辉而存在。满足父母的需要，并不是孩子的责任。

换句话说，孩子不是我们的面子，也不是我们的奖牌和光环。孩子，是他自己。

如果把孩子比喻为一颗种子，那么父母的角色应该比较像园丁，除了成为孩子的守护者、还要花一点时间观察每一颗种子天生的质性，适时适性地添加养分和雨水，才能引导孩子像种子一样，找到适合的土地生根、长出自己的芽，开出自己的花朵。

记得大学时代，有一次参加一个心灵成长团体。辅导老师要我们每个人画出自己生命最渴望的东西。有一位医生同学画出一把吉他后，马上失声痛哭，久久无法自已。因为他的父母强迫他成为世俗的名医，而不是一个可能无法温饱的吉他手。往后，常常会在不经意的时刻，想起这位医生同学，恐怕将来赚再多的钱，有再高的社会地位，都无法弥补他生命的欠缺。
父母都是爱孩子的，也许父母对子女的爱太浓太烈了，一心一
意只想把自认为最棒、最好的东西给孩子，以致太急切地给予
与要求，忘了聆听孩子真正的渴望，忘了孩子只有做自己，才
会有真正的快乐。每次受邀去演讲，分享自己的教养经验和圆
梦的旅程，我总会问现场的读者："观察你们身边的孩子，通
常摧残孩子梦想的火苗，绝大多数是谁呢？"

"父母！"全场的听众总是大声一致地回答，很少听到其
它不同的答案。这个唯一的答案，值得为人父母者好好深思。

✿ 爱，是成全子女走自己的路

爱是什么呢？作家圣修伯里说："爱，就是我引导你回到
自己的一个轻柔的过程。"如果你爱孩子，就要引导孩子活出
自己，为自己的人生负责。因为父母再怎么爱孩子，都无法取
代孩子的人生，总有一天孩子都会离开父母，飞向自己的
天空。

父母最终挂念的，其实未必是孩子世俗的成就，而是孩子
飞向自己的天空后是否还能在异地惦记着父母，即便有了自己
的家庭，是否还能和父母保持亲密的联系，说一些贴心的话。

大多数父母内心最终渴望的，也许只是希望一辈子和孩子保持亲密的连结。这才是那位电台主持人所问的，"妈妈为孩子付出那么多，究竟值不值得"的关键哪！爱，不是用来控制，也不是用来牺牲，而是成全子女走上自己的路，帮助孩子找到绽放自己的舞台，父母也学习放手并安排好自己的人生。没有负担的亲情，说不定可以让彼此更和谐、更亲近，才能帮助孩子走得更宽、飞得更远啊。

妈妈总有神奇的读心术

长期伏案写作，让我的肩颈变得很僵硬，要给推拿师按摩才能恢复。我为了不让妈妈担心，每次回南部都只报喜不报忧。

说也奇怪，最近我要回台北前，妈妈突然跟我说："你做什么事都太用力，太投入了，一写就坐一整天，怎么行？要像我一样，一边工作一边娱乐自己，才不会累出病来。"末了，还大笑说，"要多学你老妈，生活才会又健康又快乐。"妈妈这番话，着实让我吓了一大跳。

我和妈妈南北相隔，她怎么知道我一写就好几个钟头？妈妈没读什么书，却有一种非常神奇的读心术，总能一眼望穿我的心。我想，只有爱，才会有这种神奇的穿透力和直觉吧。想念妈妈……

创意手拉车：
考验父母容忍指数

孩子的想象力，
总是天马行空。
唯有大人回归天
真活泼的童心，
你才能理解孩
子，为何总有用
不完的精力和惊
人的爆发力！

有一天，儿子的腰上绑上了一条绳子，
咦？小红豆坐在椅子上，腰上也系上一条绳子，
原来，两兄妹发明一种"手拉车"的游戏。

第一步，蓄积内在的能量，
第二步，找到适合自己的角度，
第三步，倾尽全力，火力全开。

哎呀呀！一不小心，小红豆摔倒了。好痛好痛啊！
戴上安全帽，应该会比较安全吧？
小红豆的眼睛闪动着泪光……（原来，刚才是强颜欢笑）

孩子就是孩子，仅仅几秒钟阴霾就一扫而空，
生命不就是这样吗？随时都可以重新开始，
调整一下，就有新的玩法、新的发现。
只要你愿意，换个身份，任何角色都可以尝试。
别忘了生命的绳索，掌握在我们自己的手里。

孩子的想象力，总是天马行空。
唯有大人回归天真活泼的童心，
你才能理解孩子，
为何总有用不完的精力和惊人的爆发力！

◎生命不就是这样吗？随时都可以重新开始……

找回对孩子的直觉

每当孩子做出让我吓破胆子的创举，我心里天人交战时，常常会一人分饰多角，用不同的角度（不限于妈妈观点）观看自己和小孩。

这篇创作在博客发表后，引起许多父母的讨论。想当然，一定有一些父母看了胆战心惊，"脑海中只要想到重心不稳或离心力的问题，便不敢再想下去了。"也有妈妈觉得，"这样的游戏还好，大人旁边看着点就行。"比较理性的妈妈则觉得，"现在少子化导致每个父母对小孩过度保护，这个不准那个不许。'严官府出猴贼'，愈防他们愈是作怪。围堵不如疏导，给孩子一些机会尝试，哪怕错了也没关系，他们一定会记取教训！"

个性比较自由开放的妈妈们，则分享她们的教养经验：

"在不影响生命安全前提下，可以让小孩受点小伤，他们才知怎么避祸。我记得我的孩子三岁时，很爱玩饮水机，他很好奇为什么冷水进去，热水会出来。虽然我们很怕他烫到，但孩子屡劝不听，后来我干脆不阻止，故意让他玩。哈！总算让他烫到一次，从此他就不敢再随便玩饮水机了。当然我也被他外婆念惨了，说怎么有这种妈妈？！"

"我们家五个孩子也是玩得超疯的！有时我想，万一跌倒了也可以学到教训……却偏偏不会跌倒！"

"小时候，鼓励孩子在适当的高度跳下来，只要膝盖弯下来就好；在安全的地方，尽量爬高，感受高的感觉，训练他们冒险。老二现在的冒险性真的比较高，也比较独立。"

也有一位爸爸山鹰发表感想："我常对太太说，不要什么都说不可以、不行或不准。孩子没试过，他完全不知道你在担心些什么。孩子只会记得，你是一位'不'先生（小姐）。有时候，皮破血流比吓唬阻止更具说服力。大人应该拿捏的是有没有生命危险。"

几个童心大发的读者则惊呼，"太好玩了！""这就是童年，太赞啦～"还有人热心地提供更安全的玩法，"这个我玩过～哈～把绳子绑在椅子下面就超稳的！再戴上护膝、护肘会更好些～""总不能因为怕危险和一些大人预设的状况，就禁止小孩什么都不可以做，那会扼杀小孩创造力的。支持小红豆和哥哥！"

教导孩子在游戏中保护自己

尽管我能欣赏孩子的创意，但心脏有时还是不够强壮，对于要不要放手让孩子尝试，常常会犹豫再三或迟迟无法做决定，和很多妈妈一样无法每次都答应。教养孩子的方法很多，每个人的想法都不同。面临孩子的各种状况，我总是往内探索，看看自己在意的、美慕的、恐惧的，然后找出最适合自己的教养方式。

我记得自己的童年，也很喜欢冒险，到处乱转、乱跳，膝盖常常有伤口，隔三岔五就会受伤流血，老是无法愈合结痂。在那个年代，玩游戏跌倒受伤好像是一件非常稀松平常的事，不像现在的孩子稍微擦伤破皮，父母就心疼得好像要挂急诊。

每个妈妈都有自己心里的尺度，有的妈妈告诉我，她的底线是"不要玩到破皮流血"，而我和先生的底线是"不要有生命危险就好，破皮流血没关系"。家里有一个医药箱，一旦孩子破皮流血都是自行擦药；倘若伤口稍微严重一点，通常哥哥会主动为妹妹擦药消毒，而我只是在旁边关心、安慰而已。

表面上，我看起来大胆开放；骨子里，其实我是一个不敢看血，也不敢帮孩子擦药的胆小妈妈。那么，为何我还会容许孩子去冒险呢？我归纳整理了几点想法：

- 孩子的想象力和创作力丰富，同时也可能带来危险和破坏力，如果一味禁止，孩子可能跑去大人看不到的地方尝试，搞不好更危险。不如在安全的范围内，在大人的眼光"默默地"保护中，让孩子做各种尝试，并和孩子讨论怎么玩才能兼顾快乐与安全。

- 爱玩和胡闹是不同的两件事。爱玩是孩子的天性，但"玩"不应只是放纵的玩乐或傻乎乎的冒险。所谓的胡闹是不顾旁人的想法为所欲为，甚至调皮捣蛋造成别人的困扰。大人应该帮助孩子在"警醒"的情况下，对玩的游戏做一些规划和讨论，将来才会大胆去玩，并懂得如何保护自己。

- 也许百依百顺的孩子，比较容易让父母放心，甚至被称赞；而爱玩的孩子，总是无法被父母掌控，也比较容易惹麻烦受责备。但多年的教书经验和观察，我发现，被父母过度保护压抑的孩子，有一天叛逆或放纵起来，反而像火山爆发一样可怕。不如适时给孩子一些自由，让彼此有讨论的空间，再趁机把自己的担忧说出来，听听孩子的解决之道。若是一味禁止，通常只会让孩子更加反弹（尤其青春期的孩子），导致亲子的鸿沟愈来愈深。

- 勇于尝试并受到父母引导、鼓励的小孩，将来会比较勇

敢，也比较独立。童年的经验，父母在关键时刻的反应是鼓励
或是否定，绝对会影响孩子成长后的个性。

没有任何父母会自找麻烦，故意把孩子推向险路让自己担
心害怕。童心的本质和可贵，在于探索和好奇心。没让孩子尝
试，好奇心没得到满足。一种可能是，孩子逐渐丧失创造力；
另一种可能是，在父母看不到的地方做他想做的。没有大人陪
伴，危险度更高，不如咬紧牙关让孩子尝试一下，并和孩子讨
论更安全的做法，通常孩子会因此更信任父母，变得更喜欢和
父母讨论心里的想法。

何时该生气？何时该禁止

读者常问的问题还有："什么时候应该要生气？究竟到什
么境地，父母才需要出面禁止孩子，甚至处罚？"我想，妈妈
心里的那把尺如何拿捏，通常是随着孩子的成长以及对孩子的
了解，甚至是出于妈妈的本能和直觉，才能做出适合自家孩子
的判断。

日本著名心理学家河合隼雄在《走进小孩的内心世界》提
及，"如何磨炼为人父母的直觉？不妨试着回想自己的孩提时
代，父母要怎么做才能让当时的你开心。"他在书中提及自己

的父亲小时候也是个调皮鬼，所以认为孩子顽皮一点无所谓，管教孩子也比较宽松，就算他们做错事也不太会生气。不过有一件事是父亲绝对禁止的，就是无论如何都不能去爬城墙石壁上的树，担心万一从城墙摔下来，必死无疑。

有一回，河合隼雄和哥哥居然不顾父亲的禁令，冒险攀爬到城墙石壁上的树，果然一不小心就从树上摔了下来，导致胸膛严重瘀血。为了避免被父亲责骂，兄弟只好谎称是因为不小心跌倒所致。事实上，任谁都知道不小心跌倒怎么可能会伤得如此严重？哪知父亲听了居然只是轻轻一笑，说了一句："是吗？以后要小心。"便没有再追问或生气。

河合隼雄事后回想："当时父亲只说了'以后要小心'，就没有再多说什么，却具有相当的威严。当时父亲没有大发脾气，正是他厉害的地方。因为我们兄弟事后不但自我反省，也为了这件事感到后悔。"也许在某些情况下，父母必须发脾气才能让孩子有所警惕。但是，每一个孩子的个性和状况都不同，到底该不该生气，其实要靠父母当时的直觉，无法断言究竟哪一种方法比较好。

每一个妈妈心里的尺度，绝对都是不同的。尽量避免用自己的量尺去衡量别人家的价值观，或者依赖教养书给的答案。我比较鼓励妈妈聆听自己心里的声音，找到自己对小孩的直觉。很有可能是你的孩子状况不稳，才会让你忍不住大发雷霆，无论如何也不愿放手；等过一阵子孩子比较让你放心，也许你会因此放宽标准，在安全的范围内让孩子做一些不同的尝试。

其实人的想法会改变，孩子也会一步一步成长，妈妈应该依据内心的声音和孩子的成熟度随时做调整，而不是用别人的尺度捆绑自己和小孩，徒增压力和烦恼。如河合隼雄所言："父母只要多跟孩子接触，仔细观察，逐渐就能培养出一种直觉。"妈妈应该对自己有信心才对。

深入孩子的心灵，和孩子同步成长

我的学生阿岳看完这篇图文创作，做了很感人的回应。他说："今天如果遇到很惊险的事情，不管是游戏或是难关，总有父母制止。那么孩子长大以后，会有足够的能力跟心态，去面对只有他自己才能面对的难关吗？"我想父母的责任，不是一味保护或制止小孩，而是教导孩子如何解决问题或面对问题。孩子在冒险的过程中，也许会受点伤，但都会化为成长的养分，甚至很美好的记忆。

后来，阿岳在我的博客写下这句话："老师，我想应该很少会有父母跟孩子说：'我告诉你，我跌倒超多次的，不过每次都超好玩、超棒的！最棒的是，因为我常常跌倒，所以双手长出了厚厚的茧，现在跌倒也渐渐不觉得痛了！'"

这是多么动人的告白啊！过于保守的父母也许只能养出脆弱的、不堪一击的温室花朵。相对的，愿意陪着孩子去探险，去做梦，去飞翔，甚至舍得孩子去跌倒的父母，才能深入孩子的心灵，和孩子同步成长。很多孩子真正渴望的，也许只是希望父母不只喂饱他、呵护他，还要把他当作独立的个体去尊重，去对话。

另一个学生阿翔的想法，也很值得父母反思。阿翔说这个世界的天空那么大，他希望有一天能明白"该怎么飞、该怎么飞得远、该怎么飞得高，该怎么飞出自己的一片天。"或者"该怎么看，该怎么看到美丽风景、该怎么看到自己喜爱的美丽风景。"父母应该鼓励孩子努力探索，大胆地飞，而不是处处限制，反而让孩子连飞都飞不起来。

阿岳和阿翔的观点，其实已经隐约点出，教养的难题有时问题不见得出在孩子身上，而是出在父母。

让孩子享有自由奔腾的幸福

除了怕孩子受伤，很多父母也很怕脏，原因是怕孩子弄脏衣服、吃了脏东西，也怕自己带着脏兮兮的小孩很丢脸。想想，孩子能自在玩乐的时期能有多长呢？大概也只有小学时光才能如此自在地奔跑，跳上跳下、自由欢笑。倘若担心孩子弄脏衣服，不妨在出游时换上旧衣，搞脏也不致心疼。只要吃东西之前养成洗手的习惯，玩得脏脏又何妨？！

听说小时候没有玩够的孩子，长大后会比较无法享受生活的小乐趣，缺乏生活的幽默感，过于严谨，比较容易想不开。每次在报上看到有年轻学子想不开，选择结束自己生命，心里都会难过不已，难免要提醒儿女："有什么事情过不去，别闷在心里，一定要告诉妈妈哦。"

女儿总是哈哈大笑："妈妈，你要知道你女儿很开朗，那种事情不可能发生在我身上。"儿子也摇摇头说："妈妈，我没那么笨。做自己喜欢的事，享受生活都来不及了，怎么会随便去死呢？"

是啊，这个世界是这样美好，生命的每分每秒，快乐或悲伤，其实都在转念之间，甚至是我们自己创造出来的。我们当父母的，是不是要努力把这个世界的美好告诉孩子，让孩子尽情地玩，大声地欢笑，享受活着的每分每秒？

英国诗人雪莱曾说："只要能拾回我当年的童心，我就能陪你在天空翱翔。"穿惯西装打领带的爸爸，老是穿高跟鞋的

妈妈，何不来个童心大解放，暂时忘记自己本来的样子，抛开大人僵硬的框架，和孩子一起享受自由奔腾的幸福呢？

出租车惊魂之旅

一次因为赶时间而坐出租车。出租车司机和我闲话家常，大概看我太纯朴了，问我住哪里。当我说我住××地方时，他竟然说那里的人都长得很漂亮很特别。我自知不是美女，开始害怕误上贼船，冷汗直流，还好后来平安下车。

回家后，我跟儿子说了这趟出租车惊魂之旅。哪知儿子居然说："妈妈，欣赏你的那位出租车司机，应该是中老年人，对不对？"那位司机的确如儿子所猜，年纪不小了。不过，大家应该知道我儿子后来的下场吧？

没有轮胎的"怪手"

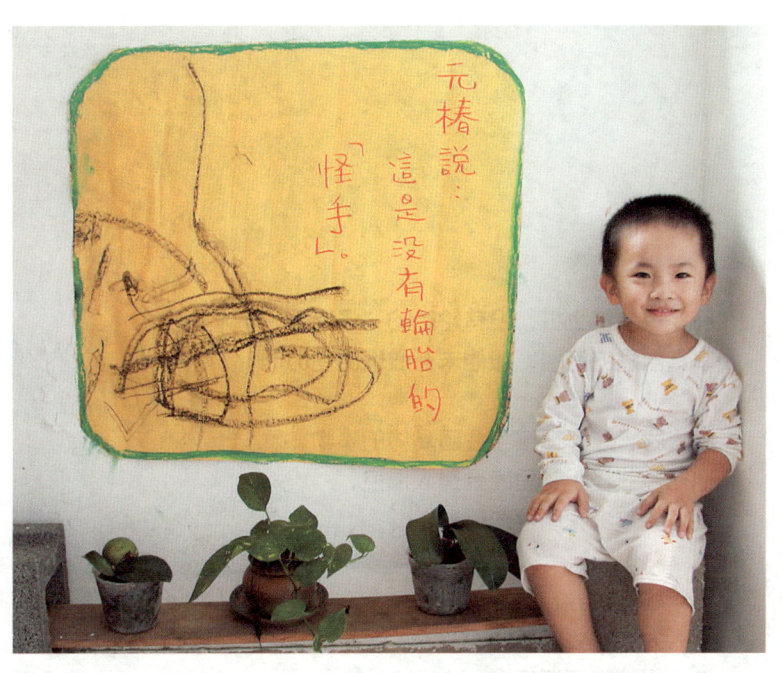

元椿说：這是没有輪胎的「怪手」。

成年后的世界，是否这般——被人为的线牵着跑，被有限的物质所奴役，曾经有过的纯真，是否就像没有轮胎的「怪手」，一去不复返？

儿子两岁时，
画了一台挖土机，没有轮胎的"怪手"。
率真自然的笔触，像他未经雕琢的生命。

长大后，儿子慢慢学会画具体的事物。
他知道"怪手"里面要有人操控，
机器要有个轮胎才能运转。

成年后的世界，是否这般——
被人为的丝线牵着跑，
被有限的物质所奴役，
曾经有过的纯真，
是否就像没有轮胎的"怪手"。
一去不复返？

◎元椿说：这就是没有轮胎的"怪手"。

你，
是否有过同样的纯真

〜〜〜〜〜〜〜〜〜〜〜〜〜〜〜〜〜〜〜〜〜〜〜

无尽的想象，打造无限的可能——请别扼杀了孩子的梦

一直很喜欢儿子这张没有轮胎的"怪手"，童心的想象似乎无所不在，也无所不能。每次看着儿子当年童真的笔触，心头总有什么东西滋长着，蠢动着，好像有个小小的火苗，重新被燃起，唤回纯真的童心，以及童年的梦。

年少的时候，我们都有很多的梦想。没错，梦想的火苗都是这样的，像那台没有轮胎的"怪手"，模模糊糊的，勾勒不出什么具体的形象，只是疯狂地喜欢。没来由地想望，即便挖土机没有人在里面操控，没有轮胎可以运转，单凭梦想庞大的力量和内在强烈的渴望，就足以让这台没有轮胎的"怪手"产生不可思议的动能，开往梦想的国度。

无尽的想象，打造无限的可能。奇怪的是，为什么从小孩变成大人之后，每一个想象，每一个梦想，才刚刚蹿出一点点

小小的火花，马上就会被现实磨损，被旁人无情的浇熄呢？

不要断绝自己与童年的关系

童书创作者艾姿碧塔说："孩子和艺术家住在同一个国度里。那个地方没有边界，却是变化万千。在那里，所有的东西都可以相融，再分解……丰富的话语可以任意地拆离再组合，所有的东西都会忘记自己原来的形貌，重新分割，再造成新的形状……

"某些大人（包括那些最不值得信赖和那些最不幸的）断绝了自己与童年的关系，然后又盲目而残酷地去影响自己后代的子孙……时光不会颠倒过来，我们不可能一开始就变成大人。毫无例外地，我们每一个人在成为大人以前，都曾经是小孩子。为什么要把这个事实忘掉呢？"

这让我想起以前看过一则新闻，某个国家有一位老师花了好几年的时间做研究，搜集各种证据证明，这个世界圣诞老公公根本不存在。姑且不论这位老师的研究结果如何，我只记得报道末尾写着："学校把这位老师免职了，因为他扼杀了孩子的梦。"每年圣诞节，想起这个报道，我总会莫名地燃起梦想的火花和纯真的勇气。

圣诞老公公究竟存不存在，其实并不重要。换个角度想，童心的想象、正面的观想、对整个宇宙发出内心的渴求，在圣诞节这一天，让自己成为一个爱的磁铁，发出强大的祝福与愿力，不正是吸引力法则、心想事成的秘密吗？很多现实主义者常常因为自己的主观意识，扼杀了许多孩子的梦想。那是因为他们不知道，童心的纯真、爱与勇气，总是有办法超越种种现实，超越人为的极限，把"不可能"化为种种的"可能"。

记得稻盛和夫说过："努力没有极限，如果不自我设限，就可以做到连自己都不敢相信的惊人成就。"那么，身为父母的我们，是否也能成为孩子的圣诞老公公，帮助孩子燃起更多梦想的火苗，让儿时那台"没有轮胎的怪手"，顺利抵达梦想的终点呢？

不久以前，曾收到一位读者的来信。这是我和这位读者的对谈：

淑文：

我考了很多家航空的空服都没通过，后来顺着我妈的期望，进入一家电视公司。虽然找到工作应该要开心，可是我却开心不起来。我被别的长辈劝服，已经撑了两个月。现在，离试用合约到期剩下最后一个月，这个月过后，如果上司不要我，就不会再跟我续约。

新闻编译……对我而言有点静态、正经又严肃古板。

跟另一个同时进去的同事相比，我没她那么热血，常被骂缺乏企图心，根据上司的说法，这会给大家带来困扰。自己也认为久待在这，实在很没意思。

看到你在《最长的辞职信》写给妈妈的辞职信，忽然好有感触。我决定趁年轻，再给自己考空服的机会。

家庭对小孩的影响真的很大。父母给的，如果不是自己想要的，真的要花好大一番力气去挣脱。可能是我比较自我吧——总不太愿意屈就别人……

流浪汉　笔

流浪汉：

很开心看到你的来信。

你说的没错，家庭对小孩的影响真的很大。父母给的如果不是自己想要的，真的要花好大一番力气去挣脱。顺着内心的感觉，再试一次吧！即便往后没成功，也不至于有太大的遗憾，因为你已经那么努力，也许老天爷会给你另一条路，比空服员更适合你。

前提是一定要非常努力，聆听自己的声音。假如我已经很努力，却无法达到内心的期望，那么我就会跟老天爷祈求、祷告，请菩萨或上帝告诉我，我哪里还做得不够好、哪里还需要更努力。我会发出更大的愿力和决心，祈求上天的指引。

追寻梦想的路，绝对是辛苦的。当年辞职写作，一点基础都没有，被退稿的次数难以计算，非旁人所能想象。我常跟别人说，三十五岁辞职之后所流的眼泪，比前面三十五年累积的眼泪还要多很多。那是因为追梦之路，同时也是探寻自己之路，唯有你把自己一点一点地厘清，内外兼修才能产生强大的力量，达成自己的梦想。

歌德说过："唯有当你相信自己，你才开始活着。"顺着你自己的声音走吧，唯有自己才明白在做什么，也唯有自己才知道如何才不会留下遗憾。如果你违背自己，即使你将来功成名就，在你的心底依旧会留下那么一丝遗憾，说不定最后还会怪起你的父母、家庭。

以过来人的经验，现在的我觉得当年父母并没有错。不管他们希望我做什么，或者出于保护我，希望我走一条安全稳定的路，都是因为他们爱我、疼我，怕我来日受伤，吃更多的苦头。错的人应该是我自己，因为我太慢了解自己，太慢做出决定，太慢对自己的父母表白，以致自己多走了好几段辛苦的路。

父母都是爱子女的，有时因为爱的迷惘，或者某些不可解的因素，父母并无法真正了解子女。你要靠自己了解自己、追梦筑梦，哪怕将来你穷困了些。只要你把自己过得很好，我想你的父母最后还是会祝福你的。

过去我辞去教职，并非讨厌教书，而是为了圆童年的作家梦和陪伴孩子长大。如今，孩子健康快乐地长大，我也出了几本书，偶然的机缘下，我竟然意外重返校园兼课。目前我一边兼课，一边写书创作，过的是我自己真正想过的生活。

我想，绕了一大圈，只要一个人努力，加上强大的愿力，如同《牧羊少年的奇幻之旅》所言："当你真心渴望某样东西，整个宇宙都会联合起来帮助你完成。"老天爷会帮助你走在自己喜欢的路上。

"只要你努力做自己，上天会供养你。"加油啊，女孩！像淑文一样，把自己还原成一颗新生的种子，努力开出自己的花！

淑文　敬笔

每一次重看这封读者的来信，我都会提醒自己要尊重孩子，不要急着对孩子所做的选择做出好或坏的评判。让孩子按照自己的性向和志趣去试试看，也许是现代父母的必修课。

支持孩子把最饱满的能量用在自己的热情所在

前阵子看了《水知道答案》，内心有很大的感触和共鸣。作者江本胜说："追寻幸福，追根究底，就是探索自我。诚实面对灵魂，去探索想做的事情时，人生就会再次流动。活着就是流动，只要心灵流动了，身体也会随之轻盈。"

"找出个人最擅长的领域，然后尽情发挥。只要从事喜欢而且擅长的事，任谁都会充满兴奋之情。不管是工作、游戏或是谈恋爱，让这个'出发点'重叠到你心中兴奋雀跃的心情上。这样一来，这个人在各方面都能开花结果。不管是运动或念书，只要你正值成长期的孩子在做他喜欢的事，就给他鼓励。如果他做得很好，也请夸奖他。听到愈多'做得真好'之类的鼓励，孩子的表情一定会更加生动活泼，并能充分发挥潜能。"

这阵子，陆续有政府官员分享自己成全子女勇敢追梦的心路历程。有的放弃哈佛的建筑学业，选择当画家；有的舍弃美国名校博士学位，转向自己最爱的烘焙糕点；其中有个放弃会计改学音乐的女孩，临走前还向父母剖白："我已完成你的要求，现在我要做自己感兴趣的。"

"我已完成你的要求"算是子女报答父母的恩情吗？听来多么让人不舍。有多少孩子为了父母的期待，始终违背自己，委曲求全？有多少父母以世俗的眼光（学历、收入、地位）衡量子女的成就，口口声声说为了孩子，骨子里却是为了自己的面子？为什么我们不能让孩子在生命最飞扬的岁月，把最饱满的能量用在自己的热情所在，而要孩子千回百折虚度好几年的时光，脱离父母的掌控后，才能一步一步走向自己？我想起去年纸风车剧团巡演的《鸡城故事》，两只小鸡追梦的旅程。

还记得吗？我们都曾经是剧中的小鸡，渴望有一天蜕变成一只真正的大公鸡，像巨人站在屋顶，成为父母眼中的荣耀，爱人可以安心托负的肩膀，活得雄赳赳、气昂昂，受人尊敬。然而，这一段追梦、追爱、追寻自己的旅程，却不一定顺遂。

孩子在追梦的过程中往往需要父母更多的支持，才能在挫折中重新燃起往前走的勇气。可惜的是，大多数的父母给孩子的，往往不是抚慰的支持，而是自以为是的批评。

如同剧末鸡妈妈回到爱孩子的初衷："从小就希望你们可以过着幸福快乐的生活，不知从什么时候开始，却用你们的生活来满足我们的快乐。真对不起。"用父母的真爱浇灌孩子梦想的种子，也许最后最重要的，未必是孩子有没有抵达梦想的终点，或者孩子有没有符合你的期待，而是你终于发现孩子要的并不多，需要的只是你的爱与支持。而你的期望也不高，要的只是孩子真心快乐，找到自己的幸福。

多看孩子的优点，让孩子的长处得到发挥。父母是否能放下世俗的成见以及旁人质疑的眼光，绝对是孩子能不能勇敢追梦的关键。于尔克·舒比格在《当世界年纪还小的时候》一书，写了一篇非常短的童话，虽然只有几个字，却值得让人再三咀嚼："洋葱、萝卜和西红柿，不相信世界上有南瓜这个东西，它们认为那只是空想。南瓜默默不说话，它只是继续生长。"

插画家贝尔约（Rotraut Susanne Berner）在书上，画了一颗"巨大的南瓜"作为插图，让人不禁莞尔（画面完全没看到洋葱、萝卜和西红柿半点影子）。是的，人们最终记得的，不会是洋葱、萝卜和西红柿，而是南瓜的"巨大"。而这个"巨大"，不见得是形体的巨大，而是一种内在的精神、生命的驱动力，甚至是无限的可能。

最动人的是，这样的"巨大"，来自于一种安静的沉默，一种静默的坚持，即便不被别人所了解，却依然故我地"继续成长"。

献给勇敢做自己的孩子，以及他们的父母。

孩子奇怪的逻辑

有一次，我听到儿子和女儿在聊天。女儿说："我很漂亮，所以我喜欢漂亮的东西。"儿子马上抢着点头："我很特别，所以我喜欢特别的东西。"末了还不忘补充："爸爸很帅，所以爸爸喜欢很帅的东西。"

"咦！妈妈呢？你喜欢什么？"我歪着头想了一下，调皮地说："我喜欢奇怪的东西。"儿子狐疑地反问："妈妈，你喜欢奇怪的东西。难道你是一个奇怪的人吗？"我看见孩子的爸爸抿着嘴偷笑，灵机一动故意对儿子说："对啊！妈妈是一个奇怪的人。但是……"我停下来瞄了先生一眼，又继续说："爸爸也是一个奇怪的人，因为奇怪的爸爸，才会娶奇怪的妈妈。"

先生听完一脸无辜，我还来不及哈哈大笑，竟听见儿子在耳边说："爸爸娶了妈妈之后，才变得很奇怪。"

儿时的记忆像躲藏在生命里的密室，

唯有你愿意往内心探看，一层一层打开，

才能在记忆的深处，

重新看见那个"内在的小孩"。

卷二
爱的方程式
——孩子的告白VS. 妈妈的观点

　　"幼年的我，究竟跑到哪里去啦？仍在我体内，还是消失了？"诗人聂鲁达在《疑问集》轻轻地呼唤着。

　　说也奇怪，每一个大人都曾经是个孩子，为什么我们会把这个"内在的小孩"忘掉呢？有人透过催眠或梦的解析，借由朦胧的暗示和年少的自己取得连结。我则借由哺育两个孩子，回到生命最初的摇篮，不但和内在的小孩重新相遇，还借着童年种种的经历，不断地探索自己、了解自己。

　　开启我对自己的童年产生好奇的关键，主要是无意间看到荣格的自传，对他如何探索自己的童年，产生很多的共鸣和感动。

　　荣格形容童年的经验是潜意识里"生命的呼吸"，他回忆某一天上学，突然发现有个"我"，从浓密的云层探出头来和自己相遇，那种"我遇见了我自己"的狂喜，让当时才十二岁的他，看见自己真实的存在，领悟到我们每个人都应该依照内心最深处的渴求来生活，而不是按照别人的期望做这、做那，失去自我。

原来，还有个"幼年的我"存在我们心灵的深处，并没有因为长大变成大人的体型，或者已经完全按照成人的模式思考而消失匿迹。相反，这个内在的小孩仍然在我们心里，时不时地探出头来，点醒我们要面对内在的情感和心灵的渴求。更真切一点说，童年的经历其实是一种持续活着的记忆，甚至已经内化到我们的血肉，影响到潜意识的思考，只看你愿不愿意往内探看而已。

二○一一年岁末，我和女儿小红豆连手在杂志连载亲子图文专栏，从小孩子的眼光看大人的世界。文中的小红豆可能是你我的孩子、邻家的小孩，更有可能是潜藏在心灵深处早被我们遗忘的"童年的自己"。

但愿借由小红豆的画与话，从一个孩子对大人的观察，加上妈妈以亲职的观点解剖大人的世界，能够打开你的生命密室，听到儿时的呼唤，不仅找回"内在的小孩"，也找到最适合自己的教养模式。

妈妈没说出口的秘密

前几天，我梦见妈妈小时候的样子。妈妈小时候是高才生，每科都考一百分。不过她真正喜欢的东西是写故事、画画和跑步，和功课一点关系都没有。

难怪，别人家的妈妈都要求孩子考第一名，我妈却只要我和哥哥过得开心，往自己的兴趣发展就好。

还有，平常我妈总是叮咛我要合群，要跟同学打成一片。

但我发现，小时候的妈妈很喜欢自己一个人，有时甚至还会躲到连小猫咪都找不到的地方。

最大的发现是我看见我妈小时候的脾气很拗。

和大舅舅打架时凶狠的样子，一点都不输我和哥哥，那妈妈怎么可以怪我和哥哥，总为了琐事吵架呢？

从梦中醒来后，我把这个梦告诉妈妈。她听了大笑说，她小时候是短发，直到生下小红豆才开始绑辫子，梦中的长发女孩根本不是她。

虽然妈妈不想承认，但我喜欢这个梦。这个梦让我发现，妈妈曾经也是个孩子，有欢笑，也有泪水。还有妈妈的内心里可能有她不曾说出口的秘密，跟小红豆一样。

回到自己的童年
来了解孩子

〰〰〰〰〰〰〰〰〰〰〰〰〰〰〰〰〰〰

　　每个大人的内心，多少都有无法说出口的秘密，可能是一个隐匿的伤口，一个违反道德礼教的经历，或是童年烙下的模糊印记。经过岁月的淘洗，长大成人变成内心的"另一个自己"。

　　荣格在自传中曾经自剖，心中藏有秘密是他童年岁月的特征，对他的性格形成影响巨大。"沉溺在自己的秘密，一心想要探寻它的意义，却不知道自己想要表达什么，"他坦言，自己被两个互相矛盾的面向、两个人格（荣格自称一号人格和二号人格）贯穿一生。

　　我也常常觉得自己和荣格一样，体内住着两个灵魂：一个极端感性，一个极端理性。有时会突然拉着我往两个不同的方向跑，让我备感折磨，常常要花一些力气，把这两个灵魂拉回来和我一起坐下来沟通。

　　也许，我们每个人的内在，多多少少都有一些矛盾和冲突，有时不一定是难以启齿的秘密，而是嘴巴说的、心里想的和实际发生的，莫名其妙产生的出入，实在很难用三言两语跟孩子说清楚讲明白。

因此，当我们想起小时候的自己，也许都有一点尴尬，甚至觉得和目前的自己有很大的差距。譬如，现实中的我们常希望孩子功课好、人缘好，头脑壮壮身体好。但静下心来想，自己在孩子这般年纪时的模样，说不定会发现自己比孩子还难搞、还麻烦，甚至也有一些难以突破的瓶颈。

"孩子无法参与父母的童年，但当孩子遇到童年的妈妈（或爸爸），究竟会撞出什么火花呢？"这是个很有趣的想象。很多小孩其实很喜欢听父母年少的故事，当你试着在孩子面前诚实地说出童年的你（尽管有时会发现自己很难面对或不想承认），试着去观察"孩子回到妈妈的童年，会想改变妈妈什么？"而"现实中的妈妈，又想改变孩子什么"两者互相对照，也许你就更能接纳现实中的孩子，知道如何和他沟通相处，或者更能了解真正的自己。

再怎么成熟的大人，有时也会忘了自己如何长大。让孩子陪你搭乘"回到过去"的时光机吧！如果我们都能借由回到自己的童年来了解孩子，承认大人也有优缺点，也有做不到的事，也许就可以降低对孩子的要求，减轻教养的焦虑，成为比较快乐的父母。

如果有一天，妈妈变成小孩

最近很奇怪，小红豆和哥哥两人总是抢着和我聊天。

他们陪着我躺在床上，天南地北地闲聊，偶尔听我抱怨、发发牢骚，还会当我的军师，给我各种建议和提醒。我突然觉得，自己好像突然间变成一个小孩，被他们两兄妹轮流照顾和陪伴。

今天我问他们两个究竟怎么了，一定有什么原因吧？没想到儿子竟然说："前阵子你的好友病逝后，你整个人好像有点转变，看起来有点忧郁，需要别人陪伴。"

我听了真是感动啊！当孩子开始会关心妈妈，分担妈妈的心事，是不是意味着当妈妈的好日子已经来了呢？

冲突过后，把爱完整说出来

妈妈说她小时候和我一样爱画画，有一次在外公记账的黑板上涂鸦，不小心把重要的数据擦掉了。

外公回家后，气得拿起棍子处罚妈妈。

哪知妈妈怕挨打，早就躲在床底下，一不小心还睡着了。

外公因为找不到妈妈，生气加上着急，愈来愈火大。

后来，外公好不容易在床底下找到妈妈，狠狠地把妈妈修理了一顿。

这件事虽然是妈妈不对，但因为外公只有处罚，没有说明，让妈妈误以为外公不爱她了。

妈妈说这个故事时，眼睛泛着泪光。我想外公应该是爱妈妈的，只是在气头上，来不及说出来。

我真希望带妈妈坐哆啦A梦的"时光机"，回到当年的时光，让外公抱着妈妈，把他内心没说出口的爱，好好地说出来。

回到初衷，
让爱不再转弯

有一年年底，我到两厅院观赏纸风车剧团《嘿！阿弟牯》的演出，戏中的一首歌《爸爸的爱，会转弯》听得我泪眼盈眶。大意是说，父母总是希望孩子用功读书，守规矩、好好听话，却没想到孩子需要的往往只是父母温柔的臂膀。传统的上一代，尤其是父亲，总把对子女的感情藏在严厉的管教里。正因为爸爸的爱会转弯，让我们对爸爸的爱也跟着转弯，弯来弯去，让彼此的爱找不到交点。

直到我当了妈妈才猛然体会，大人对孩子的爱真的会转弯。明明一开始是出于对孩子的善意，一不小心转个弯，就从爱的正面走到爱的背面，从善意的建议变成激烈的冲突。

其实父母责骂孩子，表面看似愤怒失望，心底其实涵藏更多的伤心与不知所措。许多妈妈写信给我，她们在失控骂过孩子或者失手打了孩子后，其实内心都很懊悔，也很自责，有的害怕孩子从此烙下难以磨灭的伤痕，有的则焦虑孩子就此关闭心房，不再和父母沟通。

其实父母也是人，难免会失去理性或耐性，生气也是人性自然的反应。情绪有时很像洪水，当你和孩子内在的水闸门无法抵挡情绪的洪流时，先不要急着沟通或做任何解释，不妨各自找个空间发泄自己的情绪。等情绪渐渐平复之后，不管谁对、谁错，一定要让彼此有再次说明或解释的机会，以确定你没在情绪的当头误解孩子，或在气头上让孩子扭曲了你爱的本意。

我的一位学生枫痕冬藏看了这篇图文后，在博客上跟我说："跟自己最爱的人发生冲突，是双方把心拿出来打架，虽然'心伤心'彼此都好痛，但也更直接地看到对方心上的委屈及苦衷，反而更能完完整整地把爱表达出来。"

可惜的是，大多数的人都不懂得透过吵架和冲突来帮助自己，当彼此把心掏出来吵，说了很多气话之后，往往会怀疑自己"是不是不爱他（她）了"，或者"他（她）是不是不爱我了"，一不小心没有沟通好，孩子门一摔、行囊一背，甚至可能负气离家出走，造成难以弥补的缺憾。

往另一个角度思索，冲突和愤怒其实是一种神奇的情绪监测器，我们可以借由事件的引爆点，了解孩子在意什么、你为什么生气、究竟是什么原因和恐惧导致你如此愤怒，而作为了解彼此的重要转机。

大多数的冲突其实都是伴随爱而来。正因为如此，不管发生多大的争执，更要回到爱的转弯处，把你对孩子的爱完整地说出来，哪怕无法马上复合或恢复感情，至少你口中曾经说出口的爱与善意，一定会留在孩子的心中。说不定等孩子情绪一过，你对孩子的句句叮咛、殷殷期盼，会不经意地跳上孩子的耳畔，提醒他回到父母温暖的怀抱。

曾有读者好奇地问我，"小红豆描述的小黑板，现在还留着吗？"爸爸过世后，妈妈怕触景伤情，把小黑板收起来了。今年我征求妈妈的同意，把小黑板从老家带上来，挂在家中的墙上。当年害我挨打，造成我和爸爸心灵隔阂的小黑板，化为我对爸爸的思念，也变成小红豆和哥哥的涂鸦板。

过去伤心的记忆，如今都转化成孩子生活及创作的养分，也变成我生命的提醒——不管发生多大的冲突，都要提醒自己回到爱的初衷，让对方知道自己是渴望被疼爱、被关心，甚至希望和对方言归于好，重新修复感情的……

望着墙壁上的小黑板，我仿佛看见爸爸在天堂含着泪光，笑了。

给孩子一个可以痛哭的肩膀

每个星期三小红豆最期待和妈妈喝下午茶。

妈妈有个"心情收集桶"，无论我有什么心事，只要说出来倒给妈妈，就会恢复开朗的笑容。

有一次，我和同学吵架，

一回家看见妈妈，就冲过去一直哭，一直哭……

妈妈说她以前也和同学吵架，又生气又伤心，后来那位同学转学不告而别，害她好懊悔，有很多话来不及说。

所以，擦干眼泪后，我决定写一封信给同学。

妈妈载着我，骑了好远的山路到山下的邮局寄信。

过了几天，我收到同学的回信，两人和好如初。

其实，那位同学就住在我家附近。

我想，她一定也有一个会听她说心事的好妈妈。

如何陪伴孩子走过低潮

不只是小红豆，连我都很期待每星期和孩子的下午茶约会。每位妈妈和孩子之间，其实都有个"心情收集桶"。不管是和孩子写交换日记，固定的下午茶约会，或者把对孩子的叮咛写成小纸条藏在铅笔盒或便当盒，这个"心情收集桶"的容纳量多寡，就在于妈妈能否贴近孩子的心灵，让孩子畅所欲言。

即便只是天南地北地轻松闲聊，想到什么就聊什么，对孩子而言都是亲近妈妈，心与心的交流。倘若孩子在学校突然受创或心情低潮，妈妈如何在短短时间把孩子从泥沼中拉拔出来，就需要一些技巧和智慧。

心理学家卡尔·罗杰斯提出"倾听、接纳、解决问题"三步骤，不管运用在孩子或人际关系，都让我觉得很受用。方法很简单，核心理念就是深入孩子的感受，与孩子一同感觉，也就是透过积极倾听，把孩子话语中的感受，用你的话重述，用感同身受的态度回馈，就可以让孩子知道你了解他。等到孩子把情绪宣泄出来，心情稍微平复，就可以进一步和孩子讨论，找出一个由他自己解决问题的平台。

孩子的心其实很单纯，要的并不多。大多数孩子只要妈妈愿意倾听，觉得自己完全地被妈妈接纳，都会毫不保留地流露内心的喜怒哀乐。倒是妈妈必须小心提醒自己，当孩子诉说生活的难题时，不管他描述多么讨厌某某同学，一定有背后的缘由，千万别在一开始就评论对错，叫他"别那么想"或"这种感觉很不对"。相反，妈妈可以回忆自己有哪些经历和孩子的心情是相似的，让孩子觉得自己不论对错都不孤单，至少还有妈妈了解他。

从小我就一直渴望妈妈的拥抱，不过因为家里孩子太多，妈妈无法常常抱我。但我一直相信，妈妈的爱是孩子受伤时最有力量的疗方。如果孩子陷入情绪的泥沼，能够得到妈妈的安慰，我想不管痛苦如何尖锐，孩子一定都有办法安然度过。

学生雨婷有一次写了一封信给我，让人看了很不舍。她说，"淑文老师，其实我很羡慕遇到困难时，有妈妈在旁边听你诉苦的人，我也好希望有这样的妈妈。当我有心事说给妈妈听时，她老是反驳我的想法，我心中都会很难过，到最后不知为什么就会开始起争执。妈妈还会对我说，'你哭能解决事情吗？'每个人发泄心情的方法都不一样，哭也是我发泄心情的一种啊，憋在心里有多难过。我好希望在我难过时，能好好哭一场。"

孩子是在爱与欢笑、哀伤与痛苦、点点滴滴的小事中，建立起自己的人生。负面的烦恼也是学习面对挫折，认识自己的机会。也许妈妈一看见孩子哭泣，出于心疼会急着安慰孩子"不要哭"、"要坚强"。事实上，生气与哀伤是负面的能量，累积在体内有碍身心健康，妈妈应该给孩子一个可以安心痛哭的肩膀，鼓励孩子把负面的情绪释放出来。

生命难免有低潮。记得有一次小红豆考试粗心被扣了十几分，心里很难受。当时我骑摩托车载着她，要她想哭就大声地哭，反正坐在摩托车上又戴安全帽，没人知道你是谁。没想到，小红豆真的放声大哭，哭声之大，让每个从我身旁呼啸而过的摩托车骑士都回头看我，让我禁不住脸红心跳，真怕有人误会我虐待小孩，跑去报警。也许是情绪得到纾解，回家后小红豆一下子就抛开阴霾，恢复平常的活泼开朗。

成长中的孩子其实很容易压抑自己，想哭的时候不见得就哭得出来。能够尽情地哭，有时也是一种福分吧。我和两个孩子总是无话不谈，有时候想想自己并没有特别为孩子做什么，我能做的只是安安静静地聆听，分享自己成长的经历，加一点自我的探索，和孩子一起找出解决问题的方法。说也奇妙，孩子往往只是说一说、抱一抱，就能很快地擦干眼泪通过负面的痛苦，重拾以前的欢笑。

也许，孩子要的真的不多，也不需要妈妈做很多，他们真正需要的只是一个可以静静聆听、一个可以抱着痛哭的臂膀。

有机教养，让爱自由流动

妈妈常说，她对我们的教育是"有机教养"。就像食物要吃原味最有机，妈妈觉得我们只要长出自己的原味，就会活得很好、很健康。

所以，我们在家里，都是开开心心做自己喜欢的事。

爸爸作词作曲，妈妈写作，哥哥跑步，我喜欢画画。

除了开心地做自己，妈妈对我们的感情也很"有机"。

妈妈应该是全天下最容易被了解的人了。她说，爱要说出来，别人才会知道你在想什么。

因此不但会主动分享她的喜怒哀乐，连她和爸爸喜欢吃什么，口味换了，都会跟我和哥哥说。

我和哥哥都是很快乐的小孩，好像自自然然，就会知道自己要怎么长大。

妈妈的"有机教养"，好像有一种让小孩子开心长大的魔力。

什么时候开始
用有机的方式养小孩

每年母亲节，总有报纸杂志报道母爱的辛苦和无私的奉献。其中有一则说："如果母亲是一份工作的话，工时长，压力大，没有薪水，没有时限，不能退休，也没有退休金，如果真的要应征，恐怕没有人要应征；却有千千万万的母亲愿意把这个工作承担下来。"从传统到现代，几乎一致认为：母亲的爱，永无止境也永不止息，"牺牲奉献与付出"似乎是母亲身上的代名词。

不管是全职妈妈或蜡烛两头烧的职业妇女，都是很辛苦的。除了有做不完的家事，更要命的是，有时孩子表现不好，似乎严重关乎妈妈的面子（很多人认为，孩子缺乏家教，很有可能是妈妈没有严加管教）。虽然现在是男女平等的时代，养儿育女的责任和压力，仍绝大多数落在妈妈的身上。同样身为女性与劳心劳苦的母亲，我有时不免会在心里偷偷想着，"这样的爱与付出，全天下的母亲真的很快乐吗？"

直到有一天，突然有个声音跳出来说："如果有一天孩子写作文形容母亲，我会希望孩子写的是一个苦命的母亲，不快乐的牺牲奉献，还是拥有一个快乐、带给他欢笑的母亲？有没有可能让自己成为一个快乐的妈妈，养出快乐的小孩？"这些内在小小的声音，大大地改变我的教养态度：别把母职当苦工，只要用对方法对待孩子，就能在付出的同时得到快乐！从此，我从表象的辛苦付出，转变成内在对自己的关照，"有机教养"的观念也因此而生。

所谓的有机教养，就是让爱可以自由流动。流动的爱是活的，彼此有来有往，相互关心。爱与被爱本来就应该要对等，绝不是妈妈单方面付出、失去自我。因此，我让孩子从小知道妈妈给予他们爱与成长的空间；相对的，妈妈也需要你们的爱和休息的空间。我会直接表达自己的需要，也会教导孩子表达自己的情感。

我想，妈妈不需要过度强调母爱的伟大，或以为当妈妈就必须无止无尽地付出。其实，妈妈不必当超人，样样都要管、样样都要操心。我会让孩子、先生知道我什么时候需要他们的帮忙，某些时候我依赖先生，某些时候我依赖孩子；家里每个人都很重要，缺一不可。

现代社会很多妈妈为了让孩子健康成长，选择有机的食品。妈妈让孩子吃有机，自己的心灵也要有机，每天把自己心里负面的毒素排出去，勇敢地说出自己的需求并寻找协助，对妈妈的身心是不是比较健康呢？就像避免改造植物的基因，养孩子也要养出孩子独特的原貌。如果你的孩子是玫瑰花，就让他开出玫瑰花的美丽，不必羡慕木棉花可以长得那么高大。记得有一回，我种了一颗不知名的种子，发芽之后，茎老是抽得好长，但就是不长叶子。我花了好长的时间等待和观察，一度以为这颗种子营养不良，后来才发现那就是它存在的方式，它用自己本来的面貌活着。原来每一朵花，这一生都只为了自己原本的样子而绽放。父母的职责不是把孩子从玫瑰花变成木棉花，而是帮助孩子活出他自己，开出这一生的美丽。

爱，是让家中的每个人自由自在地做自己。妈妈不用自己的爱掌控孩子，也不至于在爱中操劳，让自己成为牺牲品。用"有机"的方式爱孩子，就像挖一口井，只要找对位置，自会冒出爱的涌泉，找到你和孩子心中的源头活水。如同诗人纪伯伦所言："爱所给予的，只是他自己；爱所取的，也只是取自他自己。爱不占有，也不为人所占。因为爱在爱中被满足了。"

教育无他，爱与榜样而已。有一回，女儿突然有感而发地说，"妈妈，生命的原汁原味，真的很赞哦！"我吓了一跳，想想当时女儿才小学四年级，怎么会懂这是什么意思？我故意问她："你知道这句话在讲什么吗？"没想到，她马上回答：

"就是做真正的自己啊!"还反过来取笑我:"拜托!妈妈,你怎么可以这样问我?我当你的读者又不是当假的。"哇!真的不能小看小孩子,也不能小看父母的影响力。有时候我们自以为孩子还小,有些事还不懂,但父母不管做什么、有什么样的价值观,孩子透过日常观察,正一点一滴默默地,看到心里去了。

教育像播种,虽然我们不知道播下去的种子何时会发芽,但我相信只要活出你自己要给孩子的典范,孩子自然会成为他们所看见的人。希望往后的母亲节能看到更多的孩子描绘自己是个快乐的小孩。因为,他们有个非常爱他,而且把自己过得很快乐的妈妈。

幽默会遗传

如果我是个幽默的母亲,能带给孩子欢笑,那么我的幽默感一定遗传自妈妈。

妈妈七十岁了,一个人独居。我只要有空,就会打电话跟妈妈聊天。有一阵子,南部听说有登革热,还蔓延到娘家附近。我不放心地打电话问候妈妈,故意捏着鼻子,佯装陌生人的声音:"喂!请问是阿銮吗?我是卫生所派来调查的,请问你们那里有登革热吗?"妈妈明明知道是我，还憋住笑正经八百地说：“你好，我们这边不要紧，免惊啦！”然后爽快地挂断电话。

过了几分钟，我故意再打一次电话：“喂，妈妈，我是阿文，听说娘家附近有登革热，你要小心喔！”妈妈也马上跟着转换语气：“嗯，不用担心啦。我活到七十岁，已经很满足，死了也没关系啊！”说完还哈哈大笑。

我当然知道妈妈会小心照顾自己。正因为妈妈总是那么幽默乐观，每当我们在异乡想起她，总会让我扬起温暖安心的微笑。连带地，在妈妈的感染下，我也成为一个有幽默感的母亲了。

如何让孩子爱上阅读

妈妈很爱看书，每次看着妈妈抱着书自得其乐的样子，我和哥哥就很好奇，书到底有什么魔力，可以把妈妈迷成这样？

尤其是妈妈很会说故事，小时候睡觉前，最期待妈妈在床边讲故事。

不过，妈妈很健忘，常在最紧要的关头，忘记最重要的情节，害我和哥哥心里痒痒的，恨不得马上去图书馆把书借回来看。

有趣的是，很多故事改编成电影后，妈妈总是对故事的结局不满意。

我和哥哥只好陪妈妈去图书馆借书回来看，如果书上写的不是她期待的情节，她就会固执地看很多翻译的版本才死心。

因此，我和哥哥从小就爱阅读，家里堆积如山的书，一家人都变成书虫了。

陪伴孩子，
找到阅读的感动和乐趣

很多大人都期待孩子能大量阅读，却从来没问过自己是否喜欢阅读。其实，孩子需要的只是一种阅读的气氛，一个能打到心坎里的故事，或者只是需要一个爱看书的大人和他分享阅读的乐趣。

父母与其强迫孩子去学作文，不如先让自己爱上阅读，唯有感动自己才能感动孩子。我一直深信，只要孩子受到感动，有一点点感觉了，产生好奇心，燃起趣味的火花，书里的文字就会变成一个又一个音符，在孩子的耳边时不时地哼唱，牵引孩子寻找下一本书、下一个感动。

当然，引导孩子走入阅读的世界，除了大人以身作则之外，还需要一些引领的方法。譬如，每次说故事时，我总会留下一些伏笔，或故意吊孩子的胃口，让孩子自己去找书来看个究竟。不说标准的答案，不按书里既定的脉络走，留给孩子一些想象的空间，反而能增加孩子阅读的动力。如果书里的文字叙述比较长，找不到易读的版本，通常我会先透过影像吸引孩子的目光，让他们看过影片之后再来阅读，孩子找到亲切熟悉的感觉，自然就能抓住文字的脉动，一字一句地读下去。

万一孩子只喜欢看影片而懒得阅读，我也会尝试和孩子一边看书一边讨论，然后用录音笔录下来。大多数孩子都会因为听到自己的声音，而拉长耳朵、睁大眼睛，对照书里的情节一页页地翻阅，不知不觉就把书读完了。

当孩子表现优异时，我也会特别送书作为鼓励。有时还会鼓励孩子阅读同一个作家的系列作品。因为一位作家的写作风格，会随着他的生命历程而改变，从作品看到作家的成长，对孩子而言也是一种阅读的趣味。

不只是妈妈陪着孩子阅读，爸爸的角色也不容小觑。美国有一位名为波奇纳的父亲，从女儿爱丽丝小学四年级开始，每天朗读故事给她听。初期，父女约定共读一百个夜晚，但一百天过去了，他们却不想停止，反而三百天、五百天地继续共读下去，最后干脆不订日期了，把这个阅读约定（每天最少朗读十分钟）称为"阅读连胜"计划。

后来，波奇纳的生活出现意外的转折（父亲和爱丽丝的妈妈离婚，爱丽丝的姐姐离家去德国念书），家中仅剩下父女两人，这个每晚共读的习惯反而成为波奇纳情感的慰藉，以及陪伴爱丽丝的方式。从朗读童书开始，随着爱丽丝成长的脚步，波奇纳把朗读的范围扩大到莎士比亚戏剧和狄更斯小说，连女儿外宿同学家或出门旅行时，每晚睡前打电话回家，他也把握机会在电话中朗读一小段故事给女儿听。

这个朗读的承诺持续了八年多，直到爱丽丝念大学住校为止，波奇纳总共为女儿朗读了 3218 个夜晚。爱丽丝更把这段父女共读的岁月，写成一本书《为爱朗读：父亲与我的 3218 天读书承诺》，纪念父亲如何使她爱上阅读，成为一位作家，并透过一本又一本的好书，启发她年幼的心灵。虽然波奇纳不再为女儿朗读，却开始到小学和老人院当志工，朗读给小朋友和老人听，用另一种形式延续这段"为爱朗读"的岁月。

德国作家君特·德·布吕因说："我们透过生活来了解生命，借着阅读来学会读书。阅读文学作品，让我们不断有机会洞悉别人的生活，我们对生命的认识因而超越了自己的人生经历。"爱看书的孩子把书当作精神食粮，心灵会是饱足的。一直到现在，我都还留着几本孩子在两三岁时看的故事书。那时孩子还不认识字，翻书时也不会掌握力道，一不小心就把书撕破或把书拿起来放在嘴巴啃。我总是把那些被孩子撕破的书一页一页地粘起来，作为孩子长大后的纪念。因为，那些被撕破黏合的痕迹，代表孩子在那个阶段用自己的方式，真真切切地"读"过他喜欢的书，做了感情的交流和互动。

每个孩子都有自己爱看的书和类型，每个阶段想看的书也都不同。最后想提醒父母的是，阅读重质不重量，千万不要强迫孩子一定要读多少书或者非读什么书不可。陪伴孩子，找到阅读的乐趣和感动，孩子自然就会爱上阅读。

爸爸妈妈到底有没有偏心

　　虽然爸爸妈妈总是说，他们对我和哥哥的爱都一样，但我和哥哥却觉得爸爸妈妈的心，不知不觉就会偏向一边。

　　譬如哥哥比较瘦，每次有好吃的东西，妈妈总会先想到哥哥，让我心里很不是滋味。

　　每次我看到爸爸下班回来，高兴地飞奔过去，哥哥却在旁边吃醋。

　　这根本就是哥哥自己不主动嘛！怎么能怪爸爸偏心？！

　　我和哥哥可以吵的事情非常多。

　　谁先洗澡？卡通先看哪一台？谁去洗碗？谁擦桌子？

虽然和哥哥常常吵架，但每次我有什么不能跟爸妈讲的秘密，第一个想到的就是哥哥。如果有一天没看到哥哥，就觉得哪里不对劲。

妈妈说，我和哥哥吵归吵，毕竟同一个家庭长出来的，如果我和哥哥"学会彼此体谅""礼让对方"，就不会常常吵架了……

用正向的态度，
安抚手足的争吵

　　小时候，因为在家排行老二，总觉得爸妈比较疼爱姐姐或弟弟妹妹，自己好像老是被忽略。直到当了妈妈，才发现手心手背都是肉，没有父母会故意偏心或刻意忽略哪个孩子。想想，爸妈当年一口气生了五个孩子，真不知他们是如何做到孩子眼中的公平！尤其常听别人说，老大的个性通常比较负责任、有担当，却容易压抑自己、委曲求全；相较之下，老小有哥哥姐姐当榜样（或发出警讯），自然就比较会察言观色，知道如何跟父母撒娇、随机应变。排行老几，是不是真的有各自的宿命呢？

　　儿子和小红豆虽然出自同一家品牌（同一个爸爸妈妈），个性和脾气却大不相同。儿子喜欢推理，哲学式逻辑思考；小红豆从小就不喜欢讲道理，很会甜言蜜语。

　　也许是男女大不同，加上小红豆年纪比较小，嘴巴从小就很甜，出其不意地就会赖到你身上搂搂抱抱，不是贴上一个吻，就是送上听了一百遍也不厌倦的"妈妈，我爱你"。小时候还有个独门绝技，就是不哭则已，一哭起来便声嘶力竭、天崩地裂，还可以哭到一半去上个厕所、吃个东西，再继续回到原地嚎啕大哭。

小红豆的天真、单纯、喜怒哀乐全写在脸上，有问必答，一点都不难懂。最怕的是，一不小心就会爆料，当众说出我们的秘密。有一回，我带她去图书馆听故事，故事妈妈一说完，她竟指着图画书说："我妈妈比故事里的人还迷糊呢！有一次洗澡，妈妈竟然拿哥哥的内裤给我穿。更离谱的是，有一次我脚受伤，晚上睡觉时，妈妈帮我擦药，隔天醒来竟发现妈妈擦错脚。"现场一阵哄堂大笑，害我红着脸，不知往哪里钻才好。

相较于女儿的直接、快言快语，儿子则显得理性、淡定、处变不惊。有一次先生不在家，小红豆在储藏室发现一只死老鼠，我本来就很怕老鼠，每次在家里看见总是紧闭双眼，不敢正眼直视，现在突然要我处理老鼠的尸体，岂不是要了我的命？就在不知所措的时刻，耳边竟传来儿子用侦探的口吻说："妈妈，根据这只老鼠的尸体，身上的咬痕和口水，凶手应该是我们家的狗妹妹小土。以尸体的僵硬程度来看，应该已经死了十分钟以上。"说完儿子就静静地把老鼠的尸体拿出去掩埋了。

　　不同于女儿的爽朗直接，儿子总在生活的细微处展现他的体贴。有一回吃完饭，顺道去超市买东西，先生说他和孩子在附近的停车场等我。买完东西才猛然想到，天啊，我根本就不知道停车场怎么走，一时迷糊又忘了带手机，怎么办呢？先生会不会在车上等到火冒三丈？就在我找得头昏脑涨，心跳加速的当儿，看见在昏黄的灯光下有个熟悉的人影在转弯的路口，定睛一看，原来是儿子。我高兴地冲过去，抓住儿子的手，只见他眯着笑眼说："妈妈，我就知道你一定找不到，所以特地在这里等，果然被我等到啦！"我又开心又感动，想起两个孩子还小时，怕孩子走失，出门时总是紧紧抓着他们的手，什么时候变成孩子担心妈妈迷路呢？从此之后，我发现，每次一家四口到外地出游，儿子总是让爸爸走在最前面，自己走在最后面，默默地守护着妈妈和妹妹。

　　也许儿子从小就细心、爱思考，也常把内在的想法和我讨论，因此记录下来的文字也比较多。女儿偶尔会向我抱怨，为什么不管是文字还是相片，哥哥的篇幅总是比她多呢？

　　我的答案也许和多数的妈妈一样。老大出生时，全部的焦点都在他的身上，初为人母的焦虑加上对新生儿的期盼，几乎铆足全力为老大留下成长的纪录。等到老二出生，照顾一个孩子和照顾两个孩子花费的心力绝对无法等同，拍照写文做记录，早已心力不足，妹妹的篇幅自然就比较少。奇怪的是，虽然老大的照片和文字篇幅超过老二，老大却不觉得自己受宠，绝大多数的老大在老二出生时，都会觉得父母对自己的爱被弟弟或妹妹抢走了。

记得女儿出生时，早就戒掉奶瓶、自己睡一张床的儿子，有一天突然指着婴儿床问我："妈妈，妹妹睡觉的婴儿床是我的吗？"然后向我要求他想要和妹妹一样喝奶瓶、睡婴儿床。我二话不说，马上重新买了奶瓶满足他，甚至偶尔还像抱小婴儿一样搂着他，直到有一天儿子主动跟我表白他长大了，不需要奶瓶，也不需要睡婴儿床，才重新恢复他在妹妹出生之前就学会的生活能力。以现在的角度或旁观者来看，儿子当初需要的也许不是奶瓶，生活能力也未必真的退化，而是渴望妈妈的爱，甚至只是试探妈妈是否像宠爱妹妹一样宠他，想借由奶瓶的吸吮得到被呵护的满足罢了。

养孩子就像种植物一样，每一颗种子成长的速度和需要的生长条件都不相同。父母有时不是故意，却免不了因为不够细心而造成行为上的偏袒。不管父母是否真的偏心，在乎孩子的感受、用正向的态度安抚孩子，才能避免加深手足之间的摩擦。

综合归纳造成手足争吵的原因，大半都是生活琐事。想得到父母同等的关心或公平的对待，或因为彼此比较而产生的嫉妒心，或对自己缺乏自信。有时要求老大一定要礼让妹妹，难免会造成"当老大就比较倒霉""当老幺就比较受宠"的情结。因此，有意识、有诚意的做到孩子认知上的公平，问清楚彼此争吵的原因，做出公平公正的裁决，必要时承认自己的粗心和疏失，提出明确且委婉的解释，对孩子而言十分重要。

其次，许多家长喜欢在别人面前比较孩子之间的成绩名次、美丑胖瘦，也很容易造成孩子心理上的失衡。记得有一次两个孩子对外参加画画比赛，当我得知两个孩子因为年龄相近被分在同一组参赛，我马上紧急退出报名。因为无论谁赢谁输，都有可能造成其中一个孩子心理上的阴霾，觉得自己不如哥哥，或哥哥不如妹妹。避免竞争，尽量让孩子在不同的领域和专长发光发热，互相加油打气，比较能增进手足之间的感情。

除此之外，注意孩子的个别需求，定期个别约会。如果哥哥觉得爸爸偏袒妹妹，不妨多制造爸爸和哥哥独处的机会。透过写生日卡片、选礼物，也可以让手足借此表达对彼此的关心。有一年女儿生日时，脸上被同学涂满蛋糕，当大家只顾着恶作剧哈哈大笑的当儿，只见儿子悄悄地为妹妹送上一张卫生纸拭脸。而妹妹每次吃到好吃的东西，第一个想到的总是哥哥，不忘为哥哥预留一份。我也常常记录这些生活的小感动，借此把手足之间的情感放大、加深，提醒彼此不是只有为琐事争吵，也有默默没说出口的关心。

　　毕竟有一天我们都会老，孩子也会各自拥有一片天空，手足之间愈亲近愈能彼此照应，我们才能安心放手，有个安稳的老年哪！

养孩子像跳探戈，
父母退后，孩子才能往前

我和很多小孩一样，不喜欢写回家功课。有一次，我发烧请假在家休息，睡梦中，居然都是一本又一本的作业……

隔天到学校，累积了两天的作业没写，回家功课果然堆积如山，就在我快哭出来的时候，突然浮现一个念头："平常我都准时交作业，能不能请老师通融一下，让我隔天下课前慢慢补完呢？"

在一旁陪我写功课的妈妈，帮我分析各种可能。她说，有可能老师能够体谅我，也有可能会把我痛骂一顿。

如果是她，为了安全起见，拼到半夜也会写完。

不过，她觉得我可以用自己的方法，跟老师沟通看看。因为不同的老师，个性和想法不同，也许会有不同的结果。

隔天到学校，我鼓起勇气跟老师说明我的困难。没想到，老师很爽快地答应了。

放学后，我发现妈妈在路口焦急地等我回家。我知道，如果我被老师责骂，妈妈一定会安慰我。

如果我得到老师的体谅，妈妈也会为我开心。有妈妈当后盾真好啊！

让孩子从日常小事
练习做决定

^^^

也许是出于爱，或怕孩子受伤害，很多父母喜欢帮孩子做决定，还会强烈要求孩子一定要照着大人的意思做。爱的尺寸，有时很难拿捏。犹太教士希勒尔做了一个巧妙比喻，他说："父母对子女的呵护，应该像手握一只鸽子，紧到足以保护安全，但又不致使之窒息，更不要使之无法展翅飞翔。"

我想，爱得愈深，未必就要抓得愈紧。父母不妨偶尔释出主导权，让孩子练习做决定，按照自己的方式闯一闯。父母最要紧的，不是强行把自己的价值观套在孩子身上，而是关心孩子的想法，一起讨论每个决定必须承受的结果；有时甚至要舍得让孩子在探索中受一点小伤，在疼痛中了解自己的不足，父母再从旁介入加以引导，说不定更能得到孩子的共鸣。

至于父母何时放手、要放多少，其实是根据孩子的状况，因人、因事而异，没有一定的准则。

倘若孩子老是迟交作业，习惯拖延，当然不能让他擅自做主地一犯再犯。因此，每一次释出多少决定权给孩子，其实都来自于我们日常一点一滴对孩子的观察。

有一次无意间看到女儿的笔记本，着着实实吓了一大跳，里面竟然井然有序地抄了许多艰难的古文诗句、科学知识和生活常识。我一页一页翻看，几乎都看不懂，她居然一一为我解析，还朗朗上口。

更讶异的是，女儿告诉我，老师表明，考试都不会考笔记上的内容，也不收回去改，她居然还写得那么认真，学得那么开心。我问女儿："这些你全部都懂吗？"女儿拍拍胸脯自信满满地回答："有九成懂，另外一成，我觉得长大后看了就会懂。"望着小红豆密密麻麻各种颜色的笔迹，突然好感动。因为我在她这个年纪时，念书做笔记只是为了考试，而不是为了自己；我却观察到女儿在功课、学习态度和作业的自我要求上，都不需要我担心。

养孩子，有时就像跳探戈；父母退后一步，才能释出空间，让孩子往前，这也是跳探戈不会踩到彼此的脚，守护孩子又能避免亲子冲突的智慧哲学。就像探戈的舞姿，父母不见得要一直往前主导，把孩子变得和父母一样；当然也不是只能无奈地选择后退，放任孩子为所欲为。父母要在前进与后退间，亦步亦趋地守护孩子，直到他们有一天有能力独自走向自己的人生。

这一代的孩子，有一些思考逻辑和我们不大相同，甚至南辕北辙。试着从日常小事，用欣赏、沟通或引导的方式，让孩子自己决定、自我负责，有主见的孩子通常都比较有鲜明的个性和特色。只要适时提醒孩子要尊重别人和他的差异，不要因自己的不同造成别人的困扰，孩子有自己的想法和意见又有何不可呢？

父母无法保护孩子一辈子，也无法事事帮孩子做决定。走过人生的千回百折，我们渐渐能体会，无法每一个决定都完美，每个决定的背后大半伴随着无可避免的得与失。让孩子在每一个决定中，体会人生的各种滋味，渐渐建立起自己的人生观，迈向自我独立，父母也一小步、一小步，渐渐学习松开自己的双手。

想想孩子长大后，要和各种类型的人沟通，小至同学、同伴，大至难搞的上司和不讲理的客户。孩子未来的人生必须做的决定，小从日常生活，大到选择工作和生命伴侣。每一个决定都是生命的转折，每一个小小转折都织就了孩子的人生。父母最需要努力的是帮助孩子往内探索、了解自己，他们才能在每一个转弯处做出适合自己的决定。

事实上，不管是亲子、夫妻、朋友还是情侣，都像跳探戈，何时该前进、何时该后退，何时需要放手让对方一个人独舞，两个人如何能保持平衡的节奏，既不能踩到别人的脚，当然也不能被别人踩到自己的脚，都一样很重要，不是吗？

碎碎念，真的有用吗

有一年，爸爸当小学一年级的导师，母亲节时，妈妈突然建议爸爸："母亲节当天，可以出个回家作业吗？请孩子听妈妈说话一小时，但不可以顶嘴哦。"

当时上小学六年级的哥哥在一旁听了，居然幸灾乐祸地补充："好耶！爸爸最好叫小朋友记下妈妈说的每一句话。"

我也跟着哈哈大笑："对嘛！还要提醒小朋友倒茶给妈妈喝，一直说一定会口渴。"

哪知妈妈信以为真，居然建议每个年级都实施。

爸爸赶紧解释："妈妈有那么多话想说，一年级会坐不住。"

哥哥也摇摇头："六年级已进入叛逆期，会受不了妈妈一直碎碎念。"

当大家把目光望向当时四年级的我时，我吓得拔腿就跑。

原来，大家都很怕妈妈一直碎碎念呀！

找到情绪的出口，
让心灵重新充电

有一次小红豆问我，为什么婆婆、妈妈那么爱聊天？而且一聊就停不下来，小孩子在旁边拉妈妈都拉不走？我哈哈大笑还来不及回答，小红豆的哥哥就做了分析："因为中年的欧巴桑有很多人生经验，历经沧桑，说出来有人了解，心里会好过一些。"我想，把心里的话说出来，不要闷在心上，应该就是婆婆、妈妈最简单最方便的发泄管道吧。因此，我才会提议母亲节出"当妈妈最好的聆听者"的回家作业。

显然，从家人的反应观察，碎碎念好像是一般人对妈妈的刻板印象。妈妈惯性的碎念，也许只是发泄情绪、渴望家人了解，或希望先生和小孩能符合自己的期望。但如果只是情绪性的宣泄，一股劲儿把气出在先生和小孩身上，不但于事无补，还破坏了和家人相处的质量。

换个角度想，妈妈一直碎碎念真的有用吗？记得儿子四岁、妹妹两岁时，有一阵子总是边吃边玩，弄得桌子都是饭粒，常把我气得火冒三丈。有一天我突然心血来潮，扮起记者，拿录音笔访问两兄妹餐桌的礼节和注意事项。

没想到，两兄妹不但每问必答，而且回答的都是正确的标准答案。当下，我恍然领悟，原来连四岁的小孩"在理智上"都知道自己该怎么做。妈妈与其重复的生气唠叨碎念，不如积极思索如何引导孩子，寻找沟通的方法。

想当然的，妈妈忍不住重复地叮咛，必然都是为了孩子好。但一个喜欢碎碎念的妈妈，和一个懂得用方法的妈妈，应该是不同的。我把"妈妈为何老是碎碎念"的问题，请教学生枫痕冬藏，发现他对妈妈的观察，真是一针见血。他说，妈妈碎碎念之前，应该要好好思索如何才能"说到让孩子很想听"，是否可以依据个性的不同改变一下表达的方式。缺乏沟通技巧，往往是妈妈碎碎念的主因。

另外，妈妈那么喜欢碎碎念，可能是出自关心、还有大环境带来的焦虑和急躁感。倘若妈妈关心的碎念，老是掺杂着"抱怨"的成分，加上"不断重复"，很容易造成孩子厌烦。

如何学习表达自己，讲一次（或两次）就使孩子清楚明白，不至于说很多次变成"碎碎念"，其实是妈妈最需学习的功课。或许，数落孩子哪里不好前，先想想"孩子哪里做得很好"，反而能缓和一下彼此的心情。

从另一个观点观察，如果妈妈无法控制自己的情绪，老是说个没完，极有可能是长期困在柴米油盐等家庭琐事，导致情绪打死结而一直钻牛角尖。因此，让妈妈保有家人以外的生活圈，偶尔和朋友聚会聊天，让心灵重新充电、喘口气，"把自己照顾好"和"照顾好孩子和家庭"是同等重要的。如果家务繁忙无法出门，不妨把自己的困扰写在日记上，做一些沉淀和厘清，避免持续累积负面的情绪，万一不小心失去控制，很有可能会像火山爆发一样，伤了自己，也伤了家人。

日本作家江本胜曾说，"宇宙万事万物都是波动，只要你发出幸福的波动，幸福自然就会来到你的身边。"他在书中不断地阐述，宇宙万物都以其独特的频率产生振动。不管是生物或矿物，肉眼可见、手摸得到的，甚至口头语言、书写的文字、绘画或照片，都拥有独自的频率。换句话说，我们身体的脏器、神经，还有多达六十兆的细胞，都有其所属的频率和振动。

人体是一个小宇宙，如果我们将锁在身体与灵魂之间扭曲的心灵或情感，如恐惧、悲伤、疑惑、愤怒、软弱……全然地释放出来，把生命里的阻碍清除之后，便可以让生命发出新的频率，产生新的振动，再度充满爱。

每天睡觉前，如果不致倒下去就呼呼大睡，我会把一天发生的点滴在脑海里想一遍。不管是感恩、力不从心、失望或忏悔，我都会跟心中的神祷告感谢，希望祂们把其中的旨意告诉我，譬如为什么会有这些挫折、要怎么做才会让明天的我更好。也许是信仰的力量，我很少失眠，总觉得每天把负面的东西做一些清除，才能有空间吸引更美好的事物。

妈妈有时要学着善待自己，包容自己。其实我们本来就不完美，只能慢慢努力、慢慢修正做不到、做不好的事。我总觉得上天有一双眼睛，会眷顾不完美但诚恳努力的人。不管是透过静坐沉思或祈求默祷，透过努力修为排除负面的心念，让自己把爱与欢笑的能量带给家人，才能让自己和家人活得更开心。妈妈们，加油啊！

妈妈，你把我的"宝贝"当垃圾啦

有一年母亲节吃了先生订的大餐，收了孩子贴心的礼物，看着孩子在卡片上窝心地写着："妈妈，你辛苦了！""妈妈，我们不能没有你！"第二天一早起床，突然觉得平常看起来还好的客厅和房间有点乱，决定好好打扫一番。

儿子、女儿放学回家，看到整齐干净的客厅，果然大力赞美。没想到，开心不到三分钟，儿子突然晴天霹雳般大叫："妈，桌上的小纸条写满我破解几何方块的秘籍，怎么不见了？"

　　天哪！那张像鬼画符的小纸条，早被我当成垃圾丢掉了。幸好垃圾车还没来，望着儿子频频忍住的泪水，我只好把打包好的垃圾一袋袋解开，倒出全部的垃圾逐一翻找。

　　感谢老天爷，在满头大汗之下，终于让我找到那张只有巴掌大的小纸条。我终于明白小时候我的"宝贝"被妈妈当成垃圾回收，妈妈无辜的心情。

　　往好的方面想，经过这番折腾，母亲节多吃的热量，全部都消化光了。

另类的亲子旅行——露宿街头

四年前爸爸心血来潮，突然骑脚踏车从淡水回南部。

到了苗栗实在累得骑不动，半夜又找不到睡觉的地方。

只好躺在邮局旁边的街道，睡了一晚。

爸爸回来后，哥哥觉得露宿街头实在太酷了。

第二年就请爸爸骑机车带他去旅行。

到了晚上，哥哥坚持睡在爸爸当初露宿街头的地方。

听说哥哥一躺下去，不到三分钟就呼呼大睡。

今年我也请爸爸骑车带我去旅行，途中还下大雨。

到了当初爸爸和哥哥露宿街头的地方，爸爸一铺上雨衣，累坏了的我，躺下去就睡着了。

旅行结束，我的屁股坐得好痛，发现"站着"是一件很幸福的事。

我希望妈妈明年也和爸爸骑车，沿着我们走过的路线去旅行，让"露宿街头"变成一家人共同的记忆。（PS.我妈不敢答应，她竟然问我可不可以睡公园。）

父母先摸索，再用自己的
生命经验陪伴小孩

四十岁那年，先生留职停薪写论文，身体和心理正好也面临某种转折，常常早上出去走路，直到晚上才回来。有一次还从淡水走到桃园，走了两天一夜。那段走路的日子，他深深体会："离家愈远，离自己愈近。"离开熟悉的环境，少了外在的牵绊，反而可以近距离观察自己的身体和心灵。一个人走路是另一种独处，借此沉淀自己，往内心深处去探索。这种往自己的内心呼喊和对话的方式，可以解决很多内在和外在的问题。

有了那次的走路经验，先生再度动念想骑脚踏车回南部。从来没有受过训练，也没有环岛经验和任何专业配备的先生，一路骑着多年前用来载小朋友的折叠脚踏车，在弯曲起伏的山路骑骑停停。每逢骑不动，就想办法改变一下姿势，最后终于找到一种"无论遇到怎么样的斜坡都有办法骑得上去"的方式和自信。

先生说，当他在夜间的山路被野狗追着跑，一度以为自己体力已经用尽，却仍咬紧牙根、努力硬撑，拼命叫自己无论如何都要往前骑，好不容易找到可以停下来休息的地方，跳下车的瞬间，却发现自己脚软，差点连人带车摔倒在地，如同被刀刃插入骨子般恐惧的感觉，与无论如何都不能被击倒的韧性，不断地在旅程中反复考验着他。通过一连串"挫折沮丧—燃起勇气—努力往前—能量用尽—修复自己—继续前进"种种旅程的洗礼，他发现当一个人超越身体的极限后，反而可以冲破心里的许多关卡，把压在心底的东西统统释放出来，不仅得到解放，也可以重新整理，找到新的自己。

从一个人走路，到一个人骑脚踏车，有了这些旅程的亲身经历，先生说他才敢一个人骑摩托车载着孩子回南部。先摸索一遍才知道如何用自己的生命经验陪伴小孩。先生建议有意规划"另类旅行"的父母，不妨先尝试一个人两天一夜的小旅行，再慢慢增加天数。旅行不必然要有详尽的规划，可以让孩子自己设计，边走边调整；也不要有太多的设限，将来让你真正回味感动的，说不定是你和孩子在这段旅程中意外迸出来的东西。

旅途中的变量很多，常有很多料想不到的事情发生。原本我和先生只是想让两个孩子体验不同的旅行方式。一边由我带着女儿坐捷运在台北旅行，晚上留宿旅馆；另一边由先生带儿子骑摩托车环岛，晚上则住朋友家，行程则完全由两个孩子自行搜寻地图设计。后来，刚好碰到"八八风灾"，先生去屏东救灾，回来后不忍心看儿子失望，原本规划一星期的环岛旅行，只好改成三天两夜鹿港之旅，先生也没料到儿子后来竟然想和他一样露宿街头。

今年暑假，和我住过舒适的旅馆、坐过便利捷运在北部旅行的女儿，反而对哥哥可以和爸爸骑摩托车，并露宿街头的旅行经验，产生莫名的向往和好奇。于是请求先生照着儿子设计的行程，骑着摩托车展开四天三夜的旅行。从下午两点出发，先到桃园石门水库，没想到傍晚竟下起了大雨，为了晚上能露宿在爸爸和哥哥睡过的邮局门口，女儿又要求先生冒雨骑车，从石门水库的山路一路骑到苗栗的××邮局（当时已经将近晚上十一点）。坐了那么久的摩托车，女儿的屁股实在痛到不行，一下车脱下雨衣，最大的感触竟是："原来'站着'是一件多么幸福的事啊。"

女儿的旅行原本只想体验哥哥和爸爸走过的地方并留宿街头，跟哥哥的规划一样只到鹿港。但到了鹿港，发现假日人潮太多，无法感受平时鹿港小巷的幽静及古意风貌。女儿突然心血来潮，想回台南吓一吓外婆和阿嬷，于是父女俩又从下午一点多，冒着烈日暴晒，沿着滨海公路骑着摩托车直奔台南，傍晚六点多抵达台南时，果然吓到外婆和住在隔壁村庄的阿嬷、表姊和表妹。

几天下来，坐车坐到屁股痛得无法忍受的女儿，原本想把机车托运，坐火车回台北，但因为想赶在隔天下午回到淡水上英语课，算一算去火车站托运的时间实在来不及。在女儿坚持不请假之下，父女俩又骑着摩托车从台南、台中到淡水，展开两天"屁股痛"的返家旅程。原本我们都以为在旅途如此劳顿之下，女儿怎么可能回来后马上又赶着去上英语课，没想到女儿的毅力和体力，超乎我和先生的想象，不缺席她最爱的英语课。

同样的，今年暑假先生带着女儿骑机车旅行，我让儿子自己设计路线，带着儿子坐捷运在台北旅行，并在旅馆过夜。虽然两次"舒适"的旅行，儿子女儿都玩得很开心，但两种不一样的旅行方式，显然是先生带着他们骑着车，露宿街头，经过风吹、雨淋、日晒、在山上迷路、找路的经验，更让他们回味。

安藤忠雄说过："在紧张不安的状态下，一个人迷失在不知名的地方，因孤独而感到严苛、迷惘，甚至不知所措。但总能在那当中找到一条活路，顺利地全身而退，并继续迈向下一个旅程。"他认为，旅行不单只是身体移动。在心里临摹旅行的轨迹，再三玩味和他人相遇时种种天马行空的对话，进一步探索旅行时发生的一切，便能一直不断地在心里持续进行。因此，一直到现在，亲自前往现场用全身的感官与性灵体验在各地旅行，以及在内心里持续和自己保持战斗的心灵旅程，从来没有在他的生命间断过。

经由这几次的旅行体验，我发现孩子其实和大人一样，需要挑战也需要突破，需要来点不一样的刺激，在来日的记忆里慢慢咀嚼。很多人问先生，露宿街头又带着小孩，如何评估安全？先生说，安全一定放在第一位，一定要观察周遭的环境，提高警觉，找到安全的地方才能露宿。露宿邮局附近是因为邮局有提款机，有灯光，也常有警察巡逻，加上前方有二十四小时营业的便利商店，经过审慎的评估才会让孩子露宿在外。另外，骑摩托车载着孩子旅行，也要考虑坐在后面的孩子，是否因为打瞌睡或精神不济，没抱好前座的人而发生危险。何时需要让孩子坐到前面，何时需要停下来休息，都需要时时观察，或视各种情况做调整。

有人打趣说，难道是为了让孩子体会游民生活，才让孩子露宿街头？先生大笑说，当初露宿街头是不得已，没想到他去过的地方，儿女也想去，沿着他旅行的轨迹，意外地也变成他和孩子共同的经历，一段另类的亲子旅行。走笔至此，好像我

不答应和先生骑车旅行露宿街头，将来一家人的回忆就缺一角
了。好啦！我硬着头皮答应就是了！

幸福，藏在平凡细微的小事里

有一次小红豆和爸爸有事回南部，我和儿子暗自计划做一些疯狂
的事，让他们从南部回来好好羡慕一下。本来，我和儿子计划去山下
吃特别的料理，再去阳明山夜游。哪知那天天色暗得特别快，我们觉
得摸黑骑车下山吃饭太麻烦了，改变主意决定在家里吃鸡丝面。可能
肚子太饿了，儿子不小心下了太多面，两个人拼命吃到肚子好撑，又
觉得拖着笨重的身躯去夜游，实在太累了，改在住家附近散步欣赏夜
景就好。

我和儿子在小径上散步，听着蛙叫虫鸣，虽然这是一家四口常做
的事，却突然涌上一种生活的幸福感。原来，幸福不需远求，藏在平
凡细微的小事里。只是，我们常常一不小心就把它忽略了。

等小红豆和她爸爸回来，我一定要跟他们炫耀，我和儿子的确做
了很"疯狂"的事，而且还很开心地找到了幸福的秘密。

换位思考，孩子更有智慧

上小学以后，老师觉得我有领导能力，常指定我当班长。

我以为班长就是要尽责把班上每件事管好，我会严厉制止同学偷懒、讲话。

同学们都很心烦，我自己也很不快乐。

妈妈除了安慰我生活难免有挫折，还跑去学校，请老师让我一年内不要再当班长。

她是要我换个角度观察别人如何当班长。

如果我了解被领导的滋味，以后就会知道如何领导同学。

一年之后，我经由同学的票选，再度当上班长。

这次我知道，班长的角色是凝聚班上的向心力，要多关心同学，而不是管教同学。我又拾回昔日的欢笑和自信心。

告诉孩子，
挫折是生活的一部分

大多数孩子都很喜欢当班上的干部，家长也引以为荣，但却不一定让孩子开心或真的有什么成就感。

记得我上中学的时候，也许因为外表看起来尽责可靠，常常当选总务股长，但其实我不大会记账，几乎每一学期都亏钱。因为怕被老师和爸爸妈妈骂，只好每次都自掏奖学金补齐，恶性循环年年当选总务股长。现在想来，怎么没有一个老师或同学了解我的个性根本不适合当总务股长呢？如果重新再来，有一个说出来也不怕被骂、可以讨论商量的人当依靠，当总务股长会不会让我快乐些呢？

不论当哪一种干部或担任任何职务，其实都需要适才适性，或慢慢学习修正。当孩子遇到困难，最需要的就是老师和父母的引导。让孩子感觉自己被父母接纳，被了解、被支持，真的挺重要的。有爱当后盾，就没有过不去的难关。

换个角度想，孩子经历挫折，其实也不算坏事。很多父母期待孩子走得平稳，一帆风顺，想想自己过往的经历，一路走来不也高低起伏、弯弯曲曲？这一生要面对的课题太多了，我们不也因为有亲情、友情当后盾，才能一路走到现在？正因为生活总是无法尽如人意，有时候，我反而觉得我们更应该告诉孩子，挫折本来就是我们生活的一部分，真诚地面对自己，承认自己也会受伤，需要一点时间疗伤，而不是一味要求孩子一定要坚强，是不是比较符合真实的人性呢？

小红豆在学校做事很尽责，常是老师的好帮手，只是个性有点急躁。过去曾是老师的我，几乎在她一开始当班长时，就可以预期她即将面临的挫折。但作为一个母亲，却不得不让她先用自己的方式去试试。唯有经历料想不到的困境，她才会知道自己的欠缺，从一个以上对下的领导者，学习用柔软的身段和同学沟通。

很开心的是，经过一年的历练和调适，学期末小红豆的导师在学期总评上写着："小红豆本学期担任班长，在和同学相处上和管理班上，已取得一个平衡，进步许多。乐于协助老师和同学，是个体贴的小帮手。"作为母亲的我，看到导师如此评语，想起当初咬着牙，舍得孩子跌跌撞撞、受伤流泪，如今看着孩子的脚步渐渐平稳，真是又欣慰又百感交集哪！

不管是从领导者换成被别人领导，或者从被别人领导蜕变成为一个领导者，"换位思考"对孩子都是很棒的学习。一方面从不同的角度看待自己和别人，另一方面，多元的思考可以转换孩子的心情，不至于停留在自己的挫败，而一直郁郁寡欢或责怪别人。即便将来无法做到百分之百完美，至少孩子的包容度会比以前更大，也更能设身处地为别人着想。

我们常常鼓励孩子追求成功，却忘了教孩子学会面对失败，导致许多孩子失败一次，就误以为是世界末日，钻牛角尖想不开，变成一个输不起的强者。尼采说过："没有办法把我杀死的东西，会让我变得更坚强。"当孩子遇到挫折时，不管是鼓励孩子别放弃，或者暂时离开舞台重新充电，让孩子明白失败挫折绝不是穷途末路，跌倒之后，只要了解问题所在，总有办法另起炉灶。说不定经历伤心的撞击，孩子的心脏会变得比以前更加强壮，反而一步一步学会如何长大。

如何和孩子谈死亡

外公过世时，我还非常小。

我对外公的记忆，只有他躺在床上，周围放了好多花。

长大后，我才知道，原来外公那时已经死了。

每次我想到外公，就会想着"他到底跑到哪里去了？"

外公是基督徒，应该像天使一样飞到天堂去了。

有时，我又会胡思乱想，怕外公变成鬼来找我，觉得好害怕。

外公明明已经死了，对妈妈而言，却好像是一个活着的人。

开心时，妈妈会讲小时候和外公的故事给我们听。

伤心时，妈妈就一边写，一边哭，把她的思念写在日记本上。

因为妈妈的缘故，我对外公的印象，不再只是停留在他死去的样子。

我觉得自己也像妈妈一样，有快乐有悲伤，把外公的一切，深深地留在心里面了。

用生生不息的角度，
和孩子谈死亡

很多人忌谈死亡，但我们对死亡的恐惧，却不会因不谈而丝毫减少。当孩子有这些疑惑："人死了以后到哪儿去？""爸妈死了，是不是永远会离开我？"想想你自己，是不是到现在都还这样怀疑着，你怎么给自己或孩子答案呢？

如果你有宗教信仰，不妨依据你的信仰告诉孩子你如何解读死亡，"死了，我们会一起在天堂相聚。""死了也没关系，因为你会再从妈妈的肚子生出来。"如果没有信仰，也许你可以这样回答："我们都从某个源头出生，死了又回到本来的源头。死亡就像回家，回到大家最初相聚的地方。"或者，用一种同理心来安抚孩子："每个人都怕死，都不想和自己所爱的人分开。妈妈无法给你一个很完美的答案，但妈妈会和你一起勇敢地活下去。"

如果你真的不知道，在孩子面前坦承，"妈妈也不知道，我们一起来寻找。"其实也无妨，与其给孩子单一的答案，不如抛出更多线索，创造一种探寻，让孩子用自己的方式去寻找答案。因为生命本来就充满未知和无常，在生命面前我们永远都是谦卑渺小的，很难用简单几个字说清楚。

当家里有亲人过世，在孩子面前其实不必压抑自己的悲伤，或假装自己没有怎么样。绘本《爷爷有没有穿西装》描述男孩布鲁诺思考"人死了是什么意思""墓地里的爷爷和天堂里的爷爷有什么不同"，从生气爷爷不告而别、沉浸在再也看不见爷爷的哀伤，到望着爷爷的照片感觉他在天上微笑，布鲁诺决定让爷爷继续活在他的记忆，"如果爷爷现在过得很幸福，那么他也要过得幸福一点。"

如果你知道如何面对死亡，就知道自己要如何好好活着。学习和所爱的人道别，把悲伤化为力量，对你和孩子其实是很重要的生命教育。

掀开死亡的薄纱

回想自己第一次面对亲人的死亡，是小学的某一天清晨，爷爷在睡梦中悄然离世。死亡来得如此突然且悄无声息，却像一把冰冷的钳子紧紧揪住我，忍不住用童稚的眼光，半睁半

闭，好奇恐惧地掀开死亡的薄纱，探看人死后，躺在棺木里的
躯壳，究竟还剩下什么。

因此青少年时期，我看的都是探索生命的散文和各式各类
的人物传记。我很好奇，如果没有人能保证自己可以活多久，
那么，每个人究竟要怎样活出一生，才不致留下悔恨和遗憾？
有很长的时间，我特别偏爱杏林子（刘侠）的作品，有可能因
为她不是小说虚构的主角，而是活生生的人物和榜样。原本属
于她的应该是亮丽风华的一生，一场大病夺走了她的一切，却
夺不走她好好活下去的意志。连带地，我也找到自己可以活下
去的理由。

走过懵懵懂懂的青春岁月，毕业后成为老师，不论做什么
事、看什么书，我总是比别人多一颗眼睛，用第三只心灵的眼
睛检视自己怎么活怎么过。婚后，爸爸在一场手术意外昏迷辞
世，望着躺在棺木里一点也不像爸爸的爸爸，突然失去至亲的
遽痛，让我再次思索："我们这一生究竟为何而来？又为何而
去？"望着爸爸火化后的白骨，变成我对生命的另一种修行。

几年来，陆续看了许多描述死亡的书，发现"死后仍有生
命"以及"当你想起逝去多年的亲人，仍能透过祷告为他们祈
福和他们说话"，最能抚慰我的心灵。原来，死亡不是毁灭，
也不是失去所有的一切，而是转化成另一种生命的形式继续活

着。另外，我也惊讶地发现，许多死里逃生或濒死经验者，都描述自己曾经被一团温暖、慈悲、充满爱的光芒所包围，并且回顾了自己的一生，检视自己一生所做过的每一件事，甚至每一个小小的念头。最后，总有一个声音要他们去思索："你做了哪些事，足以证明你并未虚度此生？"

生死学大师伊丽莎白·库伯勒·罗斯说："人生并没有所谓的意外，生命中所发生的一切，都有积极的理由和目的。省视自己的内心，把人生当成一场挑战，人生的唯一目标是心灵成长。"没有人知道自己或别人什么时候会死，或最后会怎么死，但我们可以好好把握自己的人生，让自己不要虚度此生。

如果我们知道活着的意义，并且明白死亡并不存在，只是生命与生命之间短暂的过渡，其实更能减轻我们面对死亡的恐惧和亲人逝去的哀伤。

《永远的狄家》又译《不老泉》一书，把生命比喻为不断运转的轮子，主角达克对女孩维妮说："你可知道围绕着我们的是什么吗？是生命。轮转、成长、改变的生命，没有两分钟是一样的。"达克以水循环为例，太阳从海洋吸水带到天上，变成了云，然后下雨。雨水落到溪里，溪水不断流动，一切重新开始。一切事物都好像轮子，转了又转，永不停止。青蛙是轮子的一部分，虫子、鱼儿和画眉鸟都是；人也是，但从不是同一批，总会有新生的一代，不断成长、改变与流动。天下事物本来就应该是这样，天下事物也正是这样。

达克继续以维妮当例子："我们周遭的一切都在轮转、成长和改变。比方说你现在是个小女孩，有一天你会长成一个女人，经过一段时间的流逝（渐渐老去之后），你又得让出空间给新生的孩子……没有死亡，就没有活着。死亡是轮子的一部分，就在诞生的旁边。"

了解死亡并非生命真正的终点，而是像轮子一样不断地循环，有生就有死，有死就有生。用生生不息的角度和孩子谈死亡，也许更能抚慰启发孩子的心灵。

鸡腿事件的领悟

小红豆最疼爱我们家的狗妹妹杜小土了。

有一回，小红豆吃晚餐时，小土出其不意地把小红豆最爱的鸡腿吃掉了。我以为小红豆那么疼小土，应该不会介意，没想到，小红豆竟然看着空空的盘子号啕大哭。

更令我意外的是，常常捉弄妹妹的儿子，居然马上把自己手中的鸡腿给了小红豆。在旁默默观察的我，顿悟了两件事。第一，虽然你深爱一个人（哪怕是一只狗），不代表你所有的一切都可以给他。第二，原来，儿子是很疼妹妹的……

爱是动力，而不是包袱

被妈妈疼爱，应该是最幸福的。

但你相信吗？我的朋友居然跟我说，她真希望她不是她妈妈生的。

仔细一问，才知道她每天的生活，只是从这栋建筑物，走到另一栋建筑物。

她的妈妈把好多期望重重地压在她的身上。

日子久了，妈妈的爱就变成她心里的包袱。

虽然我也有学画画和英文，但都出自于我的兴趣和需要。

我是个幸福的小孩，因为我可以做自己喜欢的事。

我可以尽情地飞，尽情地探索，对未来有好多期待。

因为，不管我飞多高，飞多远，我的妈妈都会陪伴我，支持我。

孩子的发展和妈妈的期望
不同，怎么办

〜〜〜〜〜〜〜〜〜〜〜〜〜〜〜〜〜〜〜〜〜〜〜〜〜〜

学测①之后，紧接着高中、大学联考。听许多妈妈说，选填志愿已经开始造成亲子关系紧绷。

在你我身边，可能有很多人有类似的心路历程：年轻时，只能听父母的话选填志愿，等到步入中年，逐渐脱离父母的控制，才开始犹豫，要不要鼓起勇气走自己想走的路？犹豫的原因绝大部分是懊恼自己没有趁着年轻放手一搏，算一算自己若要重新出发，早已比别人慢了至少二十年，再仔细掂量自己已经步入中年，上有老母、下有幼子嗷嗷待哺，倘若追梦没有成功，岂不自毁根基，也毁了原本稳定的家庭？种种考虑反复挣扎，时间一蹉跎，又渐渐步入老年，心中那个遗憾的缺口，更加地不知如何填补。试问，这个缺口是汩汩不断的泪水，或早已年迈的双亲所能填补的吗？

纪伯伦说："孩子虽然是透过你才出生，但他们并不属于你。你可以对孩子付出爱，却不可以把自己的想法强加在他们身上。你可以提供房子给他们居住，却不可以禁锢他们的灵魂。"爱，应是允许孩子以自己的方式飞翔，找到自己发光发热的所在。

许多心理学者都指出，如果孩子从小的兴趣被父母支持，被接纳的孩子会比较有自信，来日即使遇到挫折，也比较不容易被现实击倒。倘若孩子从小只是为了满足父母，而封闭自己心里的渴求，起初只是对自己失去信心，被迫依赖父母的思想和感觉来生活，长大之后就会转变成无意识地附和别人，成为容易受别人影响而没有自我的大人。

想想，我们的周遭为什么有那么多不快乐的孩子？那是因为他们没有被摆到对的位置。如果妈妈愿意花一点时间去了解孩子的兴趣，一定会惊讶地发现，孩子找到专长投入他所爱的事，不仅仅开心，而且动力十足。

以我自己为例，当年怀儿子时很不稳定，安胎八个多月才生下儿子。儿子年幼时，体质弱、常过敏，小学四年级才开始对田径产生兴趣，主动加入田径队。我和先生内心并不看好，但仍支持儿子。没想到经过锻炼，儿子的身体愈来愈好，后来还被选去参加区运和市运，赢得跑步和跳远三个奖项，实在很让人意外。

儿子小学毕业前，学校举办越野赛跑。这是儿子告别小学最后一场比赛，赛前儿子感触地说，"他那么努力跑，为什么从一年级到五年级的越野赛跑都无法得名？"我拍拍儿子的肩膀安慰他："以前越野赛跑从来没得名，这次没得名也很正常啊。尽力就好，得失心不要太重。"儿子听了摇摇头，信誓旦旦地说他就要毕业了，一定要全力以赴试试。

我虽然嘴中安慰儿子，心里却觉得儿子的体力只适合短跑，不适合长跑。没想到，越野比赛结果出炉，儿子居然获得第三名，高兴极了。

作为一个母亲，虽然我自认为爱孩子也了解孩子，但有好几次我发现自己的判断都是错误的，甚至低估了孩子。以我自己的期望和观察，我总觉得儿子思考力和逻辑推理能力很强，应该往科学领域发展或多接触相关书籍，但偏偏儿子从小就对体育田径情有独钟。光从我儿子斯文的外表，实在很难想象他会成为一个田径选手。

母亲虽然爱孩子，但不一定每个判断都是对的，更无法主宰孩子的未来，剥夺孩子青春年少做梦的权利。投资大师罗杰斯写给女儿的家书里说："想成功最快的方法，就是做你喜欢做的事。只要你持续保持热情，在真正热爱的工作上努力，便能怀抱梦想度过聪明有趣的一生。"最令人感动的是，罗杰斯视孩子为独立自主的个体，没有把孩子当成他的复制品。他对孩子说，"我希望你做你自己，一个忠于自我、独一无二的自己。我不要你为我而活，我鼓励你过自己想要的生活，那是因为我爱你。"

真正的爱，是走进孩子内心，真确地找到能敲响他们内心的事物。陪孩子做梦，也帮孩子孵梦，让孩子为自己的梦想而活吧！父母不妨把自己当作弓，让孩子成为弓上的箭，透过你的支持，尽情地射向远方，飞向自己的天空。愿我们给孩子的爱，都能成为他们前进的动力，而不是沉重的包袱。

---

① 学测在中国台湾指的是高中考大学，是一种学历测试。

有爱支撑，孩子更坚强

有一天晚上，我和哥哥和同学约好在图书馆看书，哥哥突然很不舒服。

紧接着，从厕所传来哥哥呕吐的声音。

我赶紧跟同学借手机打电话给妈妈，每隔几分钟还跑去厕所关心哥哥的状况。

发现哥哥已经吐到脸色苍白，站都站不稳。

那天，爸爸刚好出差不在家，妈妈骑着机车火速赶过来，一边带哥哥去挂急诊，一边要我去同学家住一晚，等待消息。

我因为担心哥哥，根本吃不下饭，也睡不着觉。

隔天爸爸回家后，马上用针灸帮哥哥治疗，幸好没什么大碍。

从这个意外事件，我发现哥哥比我想象中的还勇敢坚强。

虽然他常捉弄我，但当他生病时，我一点都不想失去他。

从生活小事培养孩子的应变能力

那一晚，儿子突然生病，本以为会惊动整个图书馆，没想到当我紧急赶到现场时，两兄妹竟然坐在椅子上静静地等待，一点都没有惊动图书馆的任何人。那天寒流来袭又冷又湿，我穿着雨衣骑摩托车载儿子，居然一点儿都不觉得寒冷，儿子出了状况仍然保持镇静；妹妹年纪还小，却知道如何照顾哥哥紧急应变，这些应该都是因爱得来的力量吧。

爱的力量真的很强大。对孩子的爱，往往让妈妈变得更坚强，相对的，妈妈给孩子的爱，也比任何人更能稳定孩子的心。我相信孩子是因为知道妈妈一定会马上赶来，即使妈妈来不及赶到，也知道如何求助别人帮忙，才会如此冷静沉着。而两兄妹能够如此镇静，应该跟从小在野外露营，知道如何求生应变有关。

前阵子看新闻，发现有些父母因为过度呵护孩子，舍不得孩子受一点风吹雨淋，一旦刮风下雨就要求主办单位取消露营或相关活动。事实上，我的两个孩子从小参加宿营，只要不是单独和朋友出游，而是我们所信任的团体和学校活动，通常若没急事我们都不会要求孩子晚上打电话回家。

现实的人生并不是单纯的温室，而有起伏有风雨。有时候，我们必须舍得让孩子去承受风雨拍打在脸上刺痛的滋味，毕竟总有一天孩子会脱离我们的视线，独自承受他自己的人生。如同我们到目前为止，都还不断地经历各种料想不到的挑战，偶尔也会陷入不被了解的孤独和寂寞。

也许，我们要好好思索的是，如何培养孩子独自面对挫折、解决问题的能力？什么样的力量，才能支撑孩子勇敢地走过困境？《熟年的才情》作者曾野绫子主张"至死都要保有求生的战斗力"，深深赢得我的共鸣。

我对孩子做的训练和期盼，就是希望他们能保有这般强大的生命力。曾野绫子说，以前的人，生命的韧性比较强，脑子里常会设想各种状况，还会自己去找解决问题的方法，好像脑子里自然隐藏着一种系统，会活用过去的经验，凭着求生的意志，找到破解困境的方法和活下去的勇气，这就是日本人所谓的"才觉"。反之，现代父母因为替孩子设想太多，过度保护，反而让孩子失去生活的本能。

我们可以试着从生活小事，培养孩子解决问题的能力。最好的方式就是在孩子遭遇生活的难题时，不要马上给孩子标准答案，而是鼓励孩子用自己的方法试一试，如果行不通，再引导孩子思索另一种解决方法。这样，久而久之，在脑部灵活运转之下，不仅可以培养孩子独立思考的能力，也会养成自己动手、动脑解决问题的习惯。

儿子四岁时，我就见识到他因为想帮两岁的妹妹拿高处的东西，动脑在户外找到一根 Y 字形的树枝，主动指导妹妹踮起脚尖、旋转树枝，不靠任何人帮忙地够到高处的物品。

诺贝尔文学奖得主大江健三郎也呼吁，大人要培养孩子在困境中"再等上一段时间的力量"，而且平常就要在身体里锻炼这股力量。因为在拼命忍耐一段时间当中，孩子会发现自己成长了、健壮了，发现在逆境中自己依然可以好好活着。当然，父母的爱是孩子最重要的后盾，大多数孩子在困境"等待的一段时间"当中，如果知道父母正等着他们或正朝着他们飞奔而来，背后有爱的依靠，大多都会从软弱无助变得无比坚强。

如何帮孩子面对负面的阴影

有时候，莫名其妙地会突然觉得自己怕怕的，被一团阴影笼罩。

哇！我想到了。

应该是下星期要参加即兴演讲比赛，心理压力太大造成的。

找到原因之后，我就自我安慰，尽力就好，不要太紧张。

说也奇怪，有时候看卡通正开心时，那个让人怕怕的阴影，也会突然飞过来，穿过我的心脏。

仔细一想，唉呀呀，原来我忘了写一项作业。感谢那个让我怕怕的阴影提醒了我，要不然明天我去学校就完蛋了！

负面的阴影，
是生命的提醒

孩子一天天长大，生活经历不断增加，心情也会跟着出现五味杂陈的情绪。很多小孩也许知道该如何得高分赢得赞美，却不知道如何面对生活的阴影，释放负面的情绪。

荣格说，"阴影会成为我们的敌人或朋友，端看我们自己。阴影就像我们不得不共处一室的朋友，有时需要退让，有时需要抵抗，有时则要给予爱，一切视情况而定。只有阴影被忽视或被误解时，它才会变得有敌意。"换句话说，生命中有恐惧、有阴影，不全然都不好、不健康，它是存在我们生命里很自然的一部分，是出自生命本能的提醒。

《美国周刊》娱乐版博客创始人的诺艾儿·汉考克，在二十九岁时突然接到裁员通知，不知如何面对未来，也不知自己还能做什么。她偶然看见罗斯福总统夫人说过的一句话"每天做一件自己害怕的事"，决定不再逃避，勇敢地列出让自己恐惧的事项。她决定花一年的时间，每天去做一件让自己恐惧的事，看看"面对恐惧的一年"之后，能否突破自己、超越自己，找到新的人生目标。

我们勇敢面对恐惧的事情之后，往往让我们变得更坚强，甚至可以疗愈过去不敢探触的伤口。以我自己为例，从小我就多愁善感、特别怕黑，胆子又小，常会莫名感到恐惧和不安，情绪的起伏总比同年龄的小孩来得大。幸运的是，成长的每个阶段都遇到好老师，陪我度过成长的风暴期。从软弱变坚强，长大后的我反而变得很勇敢，也挺能面对各种有形无形的阴影。也许是这个缘故，我总是特别喜欢对孩子朗诵这首诗："我在沉默中等你，这里有些黑，你要敢走过来才好……"在每个生命的黑夜，当孩子被团团阴影包围时，有父母师长温暖的理解和静静的守护，真的很重要。

也许曾经这样走过，所以我很能理解，当孩子出现各种负面的情绪，不管是愤恨难平、吃醋嫉妒、暴躁不安，或者感到莫名的恐惧忧郁，背后一定有某个原因。孩子和大人一样，都希望自己在别人面前是良善完美的，因此大人的首要职责，就是帮助孩子接纳自己，即便某段时间里心里老是跑出负面的情绪也是很正常的，不需要否定压抑或感到丢脸。孩子若能被父母接纳安抚，有了安全感，渐渐就会说出实情，父母自然就能找到施力点帮助孩子。

成为大人之后，我们都了解心灵的内在并不全然是美好的。每个人都难免有阴影，帮助孩子面对自己，睁大眼睛把阴影看清楚，持续和自己对话，观照情绪的起伏。日子久了，不知不觉生命就会出现更多阳光，把阴影抛在背后了。

妈妈的心里，永远有个不会变老的小孩

七十岁的妈妈，到现在还像个老顽童。生日那天，我打电话给妈妈时，她说她在电视上看到我，好开心，"笑倒在地上"。笑倒在地上是我妈妈特有的形容词，听到电话那头妈妈爽朗的笑声，总觉得好安心、好幸福。

我说："阿母，今天是我的生日，谢谢你把我生得这么……"我顿了一下，正想着要用什么形容词，就听见妈妈在电话一头说："阿文，你要感谢我把你生得这么棒。"说完还非常开心地哈哈大笑。

我的心被妈妈的话撞了一大下。想到自己从一个听话的乖小孩，后来开始叛逆，违背父母的心意，走上自己的人生。其实，我一直无法确定自己在妈妈的心里，是否真的让她感到完全放心或欣慰。再怎么叛逆的小孩，最终还是渴望得到父母的谅解和支持啊。

在我百感交集的当儿，又突然听到妈妈在电话一头问我："阿文，你几岁了？三十几啊？""呵，阿母，你女儿已经四十二岁啰！"我和妈妈在电话一头笑到喷泪。

刹那间，我明白了。原来，不管我有没有世俗所谓的成就，有没有符合妈妈的期望，甚至不管年龄多大，在妈妈的心里，我都像个不会变老的小孩。

爸妈大不同，应变之道

我的老爸和老妈，个性差距很大。

老爸爱干净，书桌总是很整齐。

老妈则相反，她认为公共空间才需要保持干净整齐，家里是放松休息的地方，应该为自己而活。所以，写完稿子，老妈的书桌总是乱七八糟。

其实老爸和老妈只是想法不同，真搞不懂他们为什么要常常为这种琐事吵架。

老爸觉得，家里是养成生活教育最重要的地方，因为老妈丢三落四，所以我和哥哥的书桌才会乱七八糟。

老妈则觉得，如果我和哥哥都像老爸那么一丝不苟，怎么能体会放松自在的生活情趣？

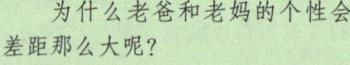

为什么老爸和老妈的个性会差距那么大呢？

趁着返乡过年，我逮住机会访问阿嬷和外婆。

没想到，阿嬷竟得意地说，"小红豆的爸爸从小就很会整理家务，真的好难得耶！"

外婆则笑嘻嘻地说，"小红豆的妈妈从小就'大事认真，小事迷糊'，虽然老是忘东忘西，却常常带给大家乐趣！"

老爸和老妈都四十几岁了，本性很难改。好在我和哥哥早就想出应变之道。

爸爸在家时，我们就把客厅收拾得很干净。爸爸不在家时，我们当然就和老妈一样。

因此，我和哥哥的生活变得可松可紧，超有弹性。在学校可以整整齐齐，该放松时也可以随兴自在，享受生活的乐趣。

尤其聪明的哥哥很会随机应变，总是不忘关心老爸何时回来。

"什么？老爸您今天要提早回来？"

"哇！惨了，再过五分钟老爸就要回来了，我的书桌今天比妈妈还乱呢！我要赶紧去收拾东西啦！"

家，是生活修行的好地方

家，是我们情感的依靠，温暖的避风港。婚后，和另一半的磨合，透过养儿育女回转看自己，家变成我们修行的地方。

村上春树曾以夏目漱石的小说人物，直言不讳点出婚姻里的难题。他说，"夫妻就像互相对照的对镜一样。妻子在丈夫身上看到自己的那部分影子，丈夫在妻子身上看到自己的那部分影子，对这一点彼此有共鸣，也有憎恨。这共鸣和憎恨的相克，或许可以称为愤怒和赦免之间的振波吧。"

每一对夫妻当初都是因为爱，因为对彼此的吸引而结合的。但步入婚姻之后，却渐渐发现彼此的亲密关系，不仅仅只是单纯的爱、单纯的吸引，在这么紧密结合的亲密关系里面，还有许多因爱而来的疑虑、恐惧、愤怒，甚至是支配。尤其有了孩子，如何在忙碌的家庭琐事中给彼此空间？如何让对方做他自己？过去单纯的以为可以给对方的"爱"，反而需要重新学习。

大多数夫妻都会经历互相磨合的混乱期，伴随孩子的出生，各种管教的细节，往往使双方个性的歧异更加凸显。虽然有不少教养专家提醒夫妻对内应该关起门来吵，对外则应该同心互相体谅，但落实在生活中，要双方真的达到和谐一致，却不容易。我想，那是因为我们都带着原生家庭的某一部分活着，如果能从彼此的差异点，往彼此的原生家庭深入探索，温暖的理解其实有助于对彼此的包容，退后一步取得协调。

当然也有父母担心在子女面前争吵，会为子女留下负面影响。其实孩子心思细腻，哪怕父母再怎么隐藏妥协，恐怕老早就知道父母骨子里根本就不一样。因此，我倒觉得父母透过争吵讨论、妥协到最后如何和谐共处，让子女看到完整的沟通过程，也从父母身上看到真实的人性，反而是很棒的生活教育。家庭是小型的社会，孩子刚好借此学习和不同个性的人相处的应对之道，也许将来离家独立，反而更知道如何和另一半沟通，或选择怎么样的伴侣。倘若父母只是让子女看到无尽的争吵或单方面一味委曲容忍，而不思索解决之道，那才是完全负面的家庭教育。

家族治疗先驱萨提尔说，"真正的爱，是自己不会把绳子缠到对方的身上来操纵他，而他也不会如此对待我。父母并不因为结婚及生小孩就停止成长，而且先生和太太原本就不一样。对孩子来说，帮助他们学习和欣赏父母间的相异处，是很重要的一课。想想你要如何教你的小孩了解差异是存在的，而且是正常的，教他们如何判断什么差异是要支持的、什么差异是需要改变的。你是否能教导他，不要去破坏与他有差异的人，更无须去崇拜与他有相同特质的人？"

爱，绝不是放弃自我委曲求全。经过不断的沟通（吵架）、协调（冷战）和适应（妥协），目前我们家划分公领域与私领域，私领域各自为政、互不干扰，公领域则力求整洁干净。慢慢地，我发现严谨的老公因为两个孩子在团体生活很懂得自律，不会给老师添麻烦或让人操心，居然渐渐放宽自己的标准，偶尔也学会睁一只眼、闭一只眼。

而原本不拘小节不擅家务的我，也耳濡目染，从另一半身上学到分门别类的方法和好处。我想，爱会互相渗透互相感染，这也是在爱中修行，意外的收获吧。

无辜的洗衣机

不知怎么搞的，感觉眼皮好重，昏昏欲睡。但衣服正在洗衣机里搅动，得把那一堆衣服晾好才能上床入睡。

二十分钟过去了，终于在客厅听到洗衣机脱水的声音。

我撑着眼皮，打开洗衣机，竟发现里面空空如也！天啊！我居然忘了把衣服放进洗衣机里面……

卡耶说：

"生命是艰困的，但是，它会
生命之泉会给自己希望，重新长出新芽。"

选自《奶奶与自己，孩子就是我自己》

黄丝木著

了解妈妈，要先了解外婆

我妈妈的妈妈，也就是外婆，实在超有趣的。

外婆的口头禅是"没关系"。下雨天，她戴斗笠耕种，一点也不担心着凉。万一不小心感冒了，会像个小孩子，偷吃冰淇淋。当然啦，她会跟自己说"没关系"。

每次看到外婆的样子，总让我想起妈妈。难怪我和哥哥感冒时，只要不是太严重，不管吃什么，妈妈都没什么禁忌。

这种"没关系"的个性，常惹得老爸火冒三丈。

要了解我老爸，当然也要了解我阿嬷啰。

阿嬷是个凡事谨慎小心的人，有时候我和哥哥踢个球，稍微激烈一点，她就会在旁边紧张地叮咛，叫我们一定要很小心。无微不至的个性，和老爸实在像极了。

老爸的个性比老妈还细心，常给我们吃各种大补丸，老妈觉得实在没必要吃那么多，但通常我们都会乖乖吞进去，因为老爸是我们心里的"家庭医师"，感觉好像比迷糊的老妈可靠些。

有一次，我忍不住问妈妈，为什么他们两个会差那么多呢？

妈妈哈哈大笑，教我画了一棵"家族树"。

我意外地发现，老爸和老妈、外婆和阿嬷，都选择和自己不一样个性的人结婚。

怎么会这么巧呢？

将来温和斯文的哥哥，会不会娶一个凶巴巴的母老虎呢？

欲知结果如何，二十年后小红豆再跟大家揭晓哦！

从家族树吸取养分，
长出更好的自己

每个人的心里都有一棵"家族树"。你和另一半，其实都是原生家庭延伸出来的枝干。结婚，不仅仅是两个人，而是两个家庭的结合。

影响你和另一半成长的因素很多，但父母亲用什么样的感情把你浇灌长大，深深关系着两个人的相处和教养模式。只要你愿意画出自己的"家族树"，大概就可以找出自己之所以成为现在的自己，三四十年来模模糊糊的成长轨迹。

想想，你现在为什么在这里呢？你讲话的声音、走路的姿态、穿着打扮和原生父母的关系如何？未出嫁前都是如何和家庭的成员沟通？然后把自己跳开来，看看，你为什么选择这样的伴侣？他来自什么样的家庭？他和父母的沟通形态如何？等会儿去学校接小孩，再用第三者的立场，观察接送的家长和孩子之间的关系，从容貌、讲话、个性分析他们的相同与相异处，也许你会对家里偶尔（或时常）的冲突会心一笑。虽然短期间仍然无法解决彼此的歧异，但至少了解个中缘由后，会让你自己比较释怀。

女性心理学专家海瑞亚·勒纳在《亲密关系》一书指出"相反的吸引力"，"个性上的差异，可能像磁铁一样把我们拉向另一个人；然而，同样的差异有一天也可能会变成排斥力。当初吸引我们的以及后来成为问题的，往往是同样一个。

每个人的优点和缺点其实并非对立，而是用同一缕线编织出来的。有些差异必然会使我们生气、孤独，甚至焦虑，但更重要的事实是，人天性禀异，每个人都由不同的过滤管道来看世界。换个角度思索，差异本身反而很少是问题所在，问题应该是我们对于差异的反应。"

不评论对错，都是带着温暖的理解诚实以告。不放弃任何可以达成共识的沟通，一直是我努力的方向。因为我们和另一半在过去成长的岁月，都有可能缺了某一块，不一定活得很完整。一旦我们借由养育孩子，展开内在的探索，两个人的改变也许就会悄悄地发生。原本，你和另一半争执不休的，也许有一天会各自从自己的原生家庭释放出来，渐渐学会了解彼此，体谅对方。

但愿我们都能从自己的家族树，从不同的关系中吸取养分，长出不一样的自己，而且是更好的自己。

和乐一家亲的沟通秘诀

换个角度思索，夫妻之间相处，究竟要如何沟通，才能做到"和乐一家亲"呢？写作以来，常收到许多读者来信，多数会好奇地提问："淑文老师，听说你先生是 POWER 优秀教师，在教学上和你一样热血，而且都是台南人。请教你们当初是怎么认识的？是因为志趣相投，还是青梅竹马？"还有，"婚后，婆媳问题会影响夫妻感情吗？"我想，我就用两篇在报纸写的文章跟大家谈谈淑文的亲身经历和做法。

❀ 婚前：回到初衷，为什么选择他

我和老公阿正因为志趣相投，认识几个月就决定闪电结婚，引来很多人怀疑的眼光。

"姊，你不是说你想要剃度当尼姑，怎么突然就要结婚？"两个弟弟促狭地取笑我，还信誓旦旦地说："未来的姊夫必须和我们比赛桌球，打赢了才可以娶姊姊。"本来我还很担心阿正会过不了关，因为两个弟弟可是桌球高手。但是阿正二话不

说，马上答应这场桌球比赛，同时也在我的加油声中奋力击退我那两个宝贝弟弟，赢得娶我的资格。

学校老师也很关心我的婚姻大事，为何在众多的追求者中偏偏选上个头不高的阿正呢？最关心我的蒋老师出声了："淑文，你和阿正南北相隔，聚少离多，短短见了几次面就要结婚，可靠吗？来，写个字我来测测看！"

盛情难却加上我生性调皮好奇，我爽气地在纸上写了一个"峰"字。

"好吧！我写个'峰'字，您先看看我和以前的旧情人是否有相逢的机会。"

"哎呀！这个'峰'字，要相'逢'还少一边，而且前面还有'山'挡着，旧情一去不复返。写个字测现在和阿正的感情吧！"我听了哈哈一笑，又写了一个"正"字，还利落地把"正"字圈起来，好奇地想听听蒋老师如何解这个字。

"哇！这个男生只要用'正字标记'四个字就足以形容他的个性。"蒋老师大力赞赏，我在一旁也补充："没错，阿正的个性就是太正了，在大学还有个外号叫阿歪，用来平衡一下。这跟韩愈字退之，有异曲同工之妙。"

"说正经的。淑文你的感情就归属阿正了，因为'正'字拆开，就是'止'"于'一'，也就是你的感情就是'止'于这

'一'个啊！"听起来蒋老师真是神机妙算，她还要我打个电话给阿正，叫阿正也说个字给她测测看。

"就'诚'意的'诚'好了。我不相信测字，只相信我对你的诚意！"阿正正经八百地说，不改他守"正"的本性。

哪知蒋老师看了这一个"诚"字，马上拍案叫绝。她高兴地说："好一个'诚'字！虽然你们南北相隔，聚少离多。但这一桩婚事，像这个'诚'字，把它拆开，就是'言'、'成'。你们两个通通电话，用嘴巴说说就成功了。"我哈哈大笑，谢过蒋老师。更大的考验还在后头呢！

阿正要来提亲的前几天，我妈特别要他私下来我家一趟。妈妈指着家里一块有裂痕的玻璃窗户，对着阿正说："阿正，你当真要娶我的女儿？我要跟你说一个故事。"

我在一旁听着马上红了脸。那一块有裂痕的玻璃窗户，是我读小学时，家里来了一位态度恶劣的客人，他来买饲料却出言不逊。我一时为家里抱不平便拿椅子砸那位客人，没想到却丢到玻璃，留下了玻璃裂痕。

二十多年来，妈妈保留这块有裂痕的玻璃，尽管刮风下雨会从玻璃的裂痕渗水，但妈妈就是故意不换玻璃，为的就是给我一个警惕。而我妈竟然不帮女儿藏拙，还讲出这么一件证据确凿的糗事。

"阿正，婚姻是很真实的生活。我这个女儿最大的缺点就是善恶分明，个性迷糊急躁。你要看清楚了才娶她。"

知女莫若母，我毫无反驳的余地。天底下哪有人像妈妈这样，把女儿的缺点挑明了说得这么清楚？事到如今，我只能尴尬地站在妈妈身旁傻笑。只见阿正笑着说："伯母您放心好了，我很会修补窗户哩。"

我和阿正后来因为奶奶过世，依照传统习俗要在百日之内结婚，又恰巧碰到农历七月不能结婚，所以整个婚期必须挪前。婆婆怕婚礼准备不周，便叫我和阿正先去公证结婚，日后再补办传统婚礼仪式。

公证结婚那天，我因为迷糊忘记带身份证，法官半开玩笑地说："小姐，考验一下你们的感情，回家考虑三天再过来结婚吧。"三天后我到法院公证结婚，蓦然发现那一天刚好是我的农历生日。更巧的是婆婆依照传统习俗帮我和阿正合八字订婚期，订婚那一天刚好是我的公历生日，而结婚那天则刚好是阿正的农历生日。

所有的巧合，是缘分也好，是天意也罢。美好的感情和婚姻，靠的是两个人彼此的努力和经营。我想，蒋老师的测字之所以料事如神，是因为她对我的真心和关怀，所以能和我的感觉灵犀相通。我和阿正通过种种考验，步向红毯的另一端。他

对我的感情告白不是"淑文，没有你，我会活不下去"，而是
"淑文，没有你，我也会努力把自己过得很好。和你结婚是为
了让彼此活得更好。"因为阿正这句话，悄悄地通过我给他的
考验，才是我真正嫁给他的原因啊！

✿ 婚后：带着真心，和共处的每个人结善缘

婚后，因为工作的缘故，我和老公南北相隔。迷糊的我，
一个人在台南和公婆、阿公、大伯、小叔住，真是一大考验。

因为和老公是闪电结婚，加上见面常常都相约在淡水，所
以我连公婆家的乡下小路怎么走都记不大起来。刚开始嫁过去
时，竟然骑着摩托车三过家门而不入，还是婆婆在门口吆喝：
"阿文，我们家在这儿！"左右邻居抿着嘴不好意思放声大笑，
我则红着脸满头大汗进了婆家。

煮饭吃饭也需要适应。以前在娘家从来不下厨，结婚前我
只会煎荷包蛋。妈妈说："你婆婆卖早点手艺好，只要你肯学，
不要挑三拣四，人家会疼你的。"我把妈妈的话奉为金玉良言
谨记在心，因此吃早餐时，连牛奶喝起来没味道都不敢嫌弃，
我一连喝了三天，才忍不住小声地问大伯："这是 × × 牌的高
蛋白？还是什么奶粉加营养粉？怎么喝起来一点都没味道？"

大伯一瞧，天啊，我居然一连喝了三天的"面粉"。原来婆婆把面粉装在奶粉罐里，我却错把面粉当奶粉喝了三天。

婆婆没有女儿，把我当成女儿传授她的拿手好菜，我只负责煮饭。开伙时，大家发现"饭"的颜色很奇怪，原来我把"菜籽"当作"五谷米"煮成饭让大家吃到肚子里去了。八十几岁的阿公笑着帮我解围："阿文真聪明，吃一口饭，就能吃到菜和饭两种营养。这也省去种菜的时间，真划算。"

说起八十几岁的阿公，对我这个孙媳妇真是疼爱有加。阿公是太子爷的乩童，对神明很虔诚。据说我第一次踏进杜家时，太子爷就"告诉"阿公："这个女孩将来会成为杜家的媳妇，是她的福气，也是杜家的福气。"阿公知道我生性迷糊，常常会迷路，因此每天一定在门口等我下班回家。有一回已经到了吃晚饭的时间，阿公居然还在外面散步没有回来，大家担心阿公在路上跌倒出事，所以就由我这个和阿公感情最好的孙媳妇出门寻找。

我骑着脚踏车，沿着乡间小径寻找阿公，不知不觉骑到庙口仍不见阿公的踪影。我突然心生一计："既然阿公是太子爷的乩童，我何不进庙里点香叫太子爷去找比较快呢？"因此，我马上进庙拈香行礼如仪。庙公见我对着太子爷嘴里念念有词，便哈哈大笑地说："这种小事，何需劳动太子爷？我用庙口广播器帮你广播，保证村里每一户人家都听得到。"说时迟，那时快。我还来不及阻止庙公，耳边就听到庙公用广播器大喊："念兄！你人在哪里？你孙媳妇找你回家吃饭！"还连续重复播放好多次。

我红着脸，骑着脚踏车，飞速骑回婆家，沿途不断地有乡亲父老探出头来关心，我眯着笑眼一一答谢。而阿公果然不到五分钟，就急急忙忙地红着脸回家。原来阿公在柑仔店跟老朋友聊天一时忘记时间，听到广播才想到该回家吃饭。结果那天晚餐时间，家里电话响个不停，不止左邻右舍、伯父伯母，连里长伯也打电话来关心，害我和阿公足足有好几天不好意思出门在村里散步。

盼着盼着，总算等到老公周末从台北回来看我，而我经过一段时日的磨炼，也准备大显身手一番。餐桌上山珍海味什么都有，独独有两条小小鱼静静地躺在盘子里，没有人敢动手。老公狐疑地问我："一家七口，怎么只煎两条小小鱼呢？"我不好意思地说："这是我第一次煎鱼，煎坏了两条小小鱼，你还吃得完；煎坏了太多条，怕你吃不完哩！"大家听了才恍然大悟，七个人每人一小口吃了起来，觉得味道特别可口呢！

常有人问我，又不是奉子结婚，哪来的勇气和老公闪电结婚，而且婚后还和老公南北相隔，一个人和公婆家族一起住？

　　我想，有个好婆婆，不像其他妈妈有婆媳相处的困扰，是我的福分。记得结婚那天有一个习俗是"母舅探房"，也就是我弟弟会提着一个篮子来探望我。篮子里有花和香水（代表喜气），还有冬瓜糖及胭粉（台语音似缘分）。

　　据说新娘奉茶给公婆、姑嫂等夫家亲戚喝时，要请大家吃"胭粉"，大家以后会比较有缘，好作伙、好逗阵，我为此还吃得特别大口呢！当然，我也努力带着真心，让"胭粉"在每一个生活小细节发酵，和共处的每个人结善缘，设身处地为他们着想。所以即使我很迷糊，夫家的人都能够包容我，照顾我。真有如太子爷所言，嫁到杜家，是我的福气哩！

✿ 彼此相爱，但不要使爱成为枷锁

　　婚后，每次我和先生争执时，我总会回到当年结婚的初衷，想着婆家对我的好，并检视自己：这几年是不是有比当年的我还成熟？而当年我所爱的阿正，是不是还是一个对教育、对生命充满热情的人？还好，每一次我从心底浮上来的答案都是肯定的。

　　先知纪伯伦谈论婚姻说："你们的结合中要保留缝隙，让来自天堂的风在你们中间舞蹈。彼此相爱，却不要使爱成为枷锁；不如让爱像你们灵魂两岸之间流动的海水。倒满彼此的杯子，但不可只从一个杯子啜饮。分享你们的面包，但不可只食用同一条面包。一起欢乐歌舞，但容许对方独处。就像琵琶弦，虽然在同一个音乐中颤动，却是各自独立。交出你的心，却不是给对方保管。因为唯有'生命的手'才能包容你的心。站在一起，却不要彼此太过靠近。因为庙宇的柱子分开矗立，橡树和丝柏也不在彼此的阴影中生长。"

在亲密关系中，把所爱的人视为一个独立的个体，各自保有生活圈，尊重彼此的兴趣，甚至在家务上建立分工，我认为这些都是维系婚姻的重要因素。

帕克医师很巧妙地把"婚姻"比作登山的"后援营地"。他说，成功的登山者一定要建立良好的后援营地，作为庇护所与补给，以便休息和补充营养。杰出的登山者都知道，他们在筹备后援营地所花的时间，绝不会少于实际登山的时间。因为后援营地是否牢固和存粮是否充足，绝对会影响登山者能走多远、爬多高。

他认为传统男性普遍面临的婚姻问题，都出在只管登山，而弃后援营地而不顾，误以为后援营地会永远井然有序地等他回家享用，不需要花半点力气维护。同样，传统女性普遍面临的问题，则误以为"后援营地"是她的"山巅"，以为嫁给一个好老公，生了孩子，就永远驻守着这个婚姻营地，而忽略了自己仍然需要成长，需要提升自己爬上另一个山头。

男人如何兼顾事业与家庭？而女人如何不被爱和家庭绑住自己，而勇于追求成长？帕克医师说："婚姻是一种建立在分工合作上的制度，需要奉献与关怀，投入时间与精力。真正的爱会不断自我更新，愈是滋养对方的心灵成长，自己的心灵也愈能得到滋养与成长。爱一个无法因你的爱而得到心灵成长的人，就像在旱地里播种，这样的婚姻会让人窒息的。"

✿ 家庭是人生剧场，每一个成员都很重要

从当初坠入情网谈恋爱，到步入婚姻生小孩，历经柴米油盐奶粉尿布各种生活的折腾，夫妻之间感情的维系，是需要刻意用心经营的。

家庭是生命剧场，每一个成员都缺一不可，都有各自存在的位置。譬如，先生有一双巧手和理性的头脑，钉书架、修理灯管、整理家务，甚至爬到树上钉个树屋让孩子在上面玩耍，各个都难不倒他，这也突显先生在家里的地位和重要性。小红豆天真善解人意，有时候我早起出去演讲，都是她早起为爸爸和哥哥准备早餐。有贴心的孩子和家庭支持，我才能努力跨出

家门而无后顾之忧。而儿子稳重温和，擅长逻辑推理，个性又体贴幽默，往往是家里的润滑剂和定心丸。

婚姻的幸福，藏在生活中每一个小小的感动，以及不经心的一句问候与关心。虽然没有当初谈恋爱时的激情，却有涓涓细流般淌过心头的温暖。村上春树曾经如此描述生活中微小而确切的幸福。他说："抽屉里塞满了折叠整齐卷好的干净内裤，不正是人生中小而确切的幸福（简称小确幸）吗？将崭新的，散发着棉花味道的白色汗衫从头上套下来的时候，那种感觉当然也是一种小确幸。"

孩子愈大，回家的时间愈来愈晚，一家人一起吃饭的时间就愈来愈少了。虽然熬夜赶稿又要处理家务，身兼多职很辛苦，我还是会努力早起为家人做早餐。除了珍惜一家人团聚吃早餐的时光，我也挺享受一个人早起独处看书，和还没有清醒的大地说说话，自得其乐的片刻。

记得有一年冬天寒流来袭，我不小心睡过头，结果一家四口全部都睡过头，差点手忙脚乱赶不及上班、上学。这段意外的插曲，如此微小的芝麻琐事，却让家里的每个人发现"虽然妈妈平日很迷糊，但全家人某方面还是深深地依赖着她"。这种家人间亲密的依赖，当家人早起的闹钟，不知不觉变成我们生活中甜蜜的小幸福。

　　另外，透过节日传递彼此的感情，用幽默的方式和家人沟通，也是一种微小而确切的幸福。今年母亲节很不巧，儿子和先生一早就有活动，必须早起做早餐。我把闹钟调到六点，第一次铃响时，我故意一动也没动，先生摇摇我提醒我起床的时间到了。第二次闹钟又响了，我又故意装作没听见，先生催我赶快起床，然后自己倒头呼呼大睡。

　　吃早餐时，我故意调侃先生："今天是母亲节，两次闹钟响那么久，怎么都没想到要起来做早餐，让我开心一下呢？"儿子赶紧帮忙解围："妈妈，你昨晚又没明说，连暗示都没有，老爸怎么会知道呢？"跟木头先生不同的是，从去年开始，儿子和小红豆就决定每年母亲节都自掏腰包陪我去逛街，晚上再开开心心一起吃饭。

　　其实母亲节未必真的要庆祝或收什么礼物，而是借机表达关心，说一些贴心话，增加生活情趣。经过强烈的明说和暗示，母亲节过后不久我过生日，先生居然从台南宅急送我爱吃的布丁，给我生日惊喜。可以见得，生活的情趣和花点巧思的沟通，是婚姻生活里不可缺少的。

　　国际创价学会会长池田大作曾经提出"演剧家庭论"的构想。他认为家里的每个人，就像演员在戏剧中各自扮演自己的角色那样，如果家庭剧场的演员们具备名演员把自己的角色演得入戏时那种从容、沉着、自我控制或某种幽默感，那么家庭气氛一定会有所不同。

池田大作说，父母也好、小孩也好，都是一个完整的人格，作为一个人，都是平等的存在。在家庭这个舞台上演出的每个人，都要共同支持家庭创作的戏剧，如果演员不合作，任何舞台都会失败。除非每一个人都认真演好自己的角色，否则成功是无望的。好比戏剧演出时难免会有偶发事件，遇到这种情形，大家都会想办法团结去克服它，家庭不也一样吗？"家庭是剧场""家属是剧场的演员"，当每一个人都想努力"演得更好"时，家庭就会更和谐，也更充满活力。

爸爸和妈妈一样亲

小红豆的爸爸是小学老师，他会弹吉他、吹口琴、唱歌、写书法，是个多才多艺的人。

有这样的爸爸，我们的生活也跟着多彩多姿。

但细心的爸爸平常对我们的要求很严格，一旦我和哥哥做错事，家里的气氛就会变得很沉闷。

好在妈妈有时会偷偷在爸爸的后面扮鬼脸，缓和家里的气氛。

对我和哥哥而言，妈妈就像温暖的太阳，让家里充满欢笑与幸福；

而爸爸虽然严格，却像一座高山，稳固整个家。

如果你问小红豆，比较喜欢爸爸，还是妈妈？

我一定会说，真的好难比较啊。因为爸爸和妈妈都一样亲。

让孩子拥有幸福的两种爱

今年暑假去南京，我们一家四口顺道接受当地电视台专访。记者朋友访问了我和先生后，又幽默地问儿子："可不可以比较爸爸妈妈的管教态度有什么不同呢？有什么怨言也可以趁机说一说？"儿子想了一下，对着镜头说："爸爸比较严格，什么事该做，什么事不该做，分得很清楚；妈妈比较随兴，做什么事都可以。"现场一阵大笑后，儿子还自己补了一句："我觉得爸爸和妈妈这样加起来刚刚好。"

我没有预设儿子接受访问时会怎么回答，却仍对儿子的观察力感到惊讶。应该说大多数孩子都有非常敏锐的观察力，即便父母表面上想取得管教上的一致，孩子看到的仍然是父母骨子里的脾气和习性。大多数夫妻在教养上难免会产生差异，其实也很正常。有时先生觉得必须严格，太太却觉得多点耐心比较好。如果互相指责，往往会造成孩子内心的矛盾，或变得比较亲近其中一方，加深夫妻之间的冲突和教养的歧异。

小孩不乖、教不会、没教养，是全职妈妈的错吗

　　曾经收到一位读者妈妈的来信，我想很多妈妈看了一定感同身受。

❈

　　我的儿子六岁读小学一年级，活泼好动，我认为他是一个自在的孩子，虽然调皮但也有贴心的一面。

　　然而，我先生工作忙碌，与孩子相处时间没有我这个全职妈妈那么多，所以两人碰面时，儿子时不时会捣蛋耍赖。我先生反应很强烈，觉得是小孩不乖、教不会、没教养之类的，有时他甚至还觉得是不是需要打小孩（但他又说打"非体罚"）。

　　我觉得这界限很难拿捏，万一有闪失，后患无穷，尽量不要用。孩子就是"犯错—教—学习—修正行为—忘记—又犯错"重复上演，没什么大不了，站在孩子的立场让他做自己，引导他就可以。但孩子爸爸的反应让我的压力很大，他常暗示我这个当妈妈的没在教小孩。其实他看到的只是冰山一角。对于全职妈妈来说，孩子的行为需要不厌其烦地反复引导，能要求孩子说一次就举一反三，马上修正所有的习惯与行为吗？唉……请教黄老师，我该如何跟我先生沟通呢？"

　　有时候不只是妈妈和爸爸，连公婆和父母，或者爸妈和学校老师，不同个性的妈妈与妈妈之间，也会对"孩子是否调皮""何种程度该处罚""何种行为失去分寸"有不同的认定标准。而这些差异与落差，是因

为彼此的个性和不同的家庭背景所造成的，不是谁对谁错的问题。

根据过往的经验，要改变另一半的个性和要求标准，或者传统上公婆对守不守规矩的价值认定，并不是短时间就能沟通或改变。我的处理方法是，既然大人有时很难沟通，那么我就从我能使力的方向先着手。

我问我自己，我觉得自己最能掌握的是"我觉得我和孩子之间是可以沟通的"，我了解孩子的优缺点，我对孩子的爱应该能把教养之间的冲突降到最低。因此，我的做法是很诚实地把爸爸妈妈、公公婆婆为什么管教态度不同，宽松严格的标准不一，坦白地告诉孩子。也就是说，每个人的个性本来就是不同的，连带地，每个人的标准要求也会跟着不同。

有时候妈妈可以包容你，那是因为妈妈了解你、爱你。但换作别人，也许标准不一样就会无法忍受。因此有时候依据别人（包括爸爸）的感受，做一些调整是有必要的。想想，我们大人在世俗的社会生活，不也是依据别人的感受，稍微有不同的调整吗？有时候，我们自认为的优点，在别人看来说不定是缺点。别人看我们的孩子，不也是这样吗？

✿ 爸爸严格的爱和妈妈包容的爱

爸爸严格的爱，妈妈包容的爱，都一样是爱孩子的。孩子从小体会不同的爱，某方面对孩子将来适应各种人际关系是有帮助的。换个角度想，何不让孩子幸福的同时拥有两种爱呢？不管是严谨的爱，还是多一点耐心的爱，对孩子而言都很重要。

爱，本来就有不同的表现方式，爸爸妈妈扮演的角色本来就不相同。我很认同《孩童，作自己的自由》书里的观点："如果小孩只得到爱，他会受苦；如果他只得到严厉，他也会受苦。他两者都需要，这就是爸爸妈妈的功能。小孩必须准备好面对柔和刚、阴与阳。不管情况是什么，他都有能力回应。如果环境需要他坚硬如钢铁，他也可以刚强；如果环境需要他像玫瑰一般柔软，他也可以软化。一个活生生的小孩，是没有固定的样子的，他是流动的。"

孩子会受伤害的主因，反而是父母为了教养，永无止境的争吵，不知所措。将来孩子上学读书，类似的问题会更多。通常我都会把不同个性的人对孩子某些行为产生的感受，或各种可能会发生的情况，坦白告诉孩子，让孩子知道有时受到别人责骂，不一定是他的错，而是每个人认可的标准不一。（当然，孩子也必须学会尊重别人，避免自己的行为举止造成别人的困扰。）最后，我会让孩子知道，不管他遇到什么困境，妈妈都会了解、支持，陪伴他克服各种问题。

孩子小时候，很多规矩和价值观要一个一个建立。夫妻两人教养的想法如果不一致，的确会造成夫妻两人的烦忧和争执。努力和另一半沟通，探索彼此原生家庭所导致的管教差异，如果两个人在教养的步调能因此取得一致，是最好不过了。倘若老是无法取得一致，也不要太担心，因为大部分的孩子都很会察言观色，很早就能理解爸爸妈妈本来就不同（而且很难改变）。根据生存的本能，绝大多数的孩子都知道自己必须采取弹性折中的做法。

就我而言，如果我和另一半有不同的观点，我常常会抛出开放性的选项，让孩子自己去做决定。也就是，孩子不一定要听爸爸或听妈妈，而是把爸爸妈妈的意见当作参考，最后由孩子做出适合自己的选择。

我认为，父母有没有自省能力也很重要。有时，我会在孩子面前分析自己和另一半的优缺点，坦白承认"妈妈不一定每次都是对的""妈妈也有一些习气改不过来""说不定听爸爸的意见是好的"。日子久了，孩子会有自己的价值观，不一定照着爸爸或妈妈的意见去做，而是听从他们内在的声音，自己去决定，自己去负责。只要大人不要太固执，孩子的生命会更有弹性，将来待人处世也会更有智慧。

传统的父亲，大半把对孩子的爱藏在严肃的外表下，有时反而需要另一半的协助，才知道如何与孩子亲近，做进一步沟通。曾经有个爸爸山鹰写信给我，他说，"男人刚硬不如女人柔软，有时心里爱孩子，就是说不出口。加上爸爸扮的常常是黑脸，子女和爸爸不像与妈妈那么亲近。当爸爸有点划不来。

唉，谁叫我是男人，吃亏，吃亏。"

相信很多妈妈看了这封信，都会忍不住莞尔一笑。虽然有时我自己免不了也会和先生拌嘴，但我还是觉得，妈妈的角色不应是评论对错，而是当润滑剂，有智慧、有耐心地帮助孩子了解爸爸的爱，或者用幽默的方式缓和气氛，制造机会让孩子多跟爸爸相处。如此，自然能创造夫妻双赢，孩子和爸爸妈妈都一样亲了。

幸福沟通法则

许多夫妻都有这样的困扰：即使很用心沟通，另一半却依然碎碎念，固执己见，怎么办才好呢？

淑文提供男女通用的私房攻略：

1. 红色警戒：避免硬碰硬，两败俱伤。

2. 往好处想：咬紧牙根，保持理性（他是为我好）。

3. 小心地雷：不要翻旧账，踩到对方的痛处（避免火上加油）。

4. 超脱之道：假装认真听，其实脑子想一些别的事。

5. 发泄高招：绕到背后，扮鬼脸（切记：不能被发现）。

6. 伸缩自如：左耳进，右耳出。挥挥手，不带走任何一片乌云。

7. 最高境界：不动如山，保持平常心，一笑置之。

8. 一走了之：三十六计，走为上策（突然头痛、尿急……想办法逃离冲突现场）。

9. 再次叮咛：留得青山在，不怕没柴烧（爱自己，路才能走得长远）。

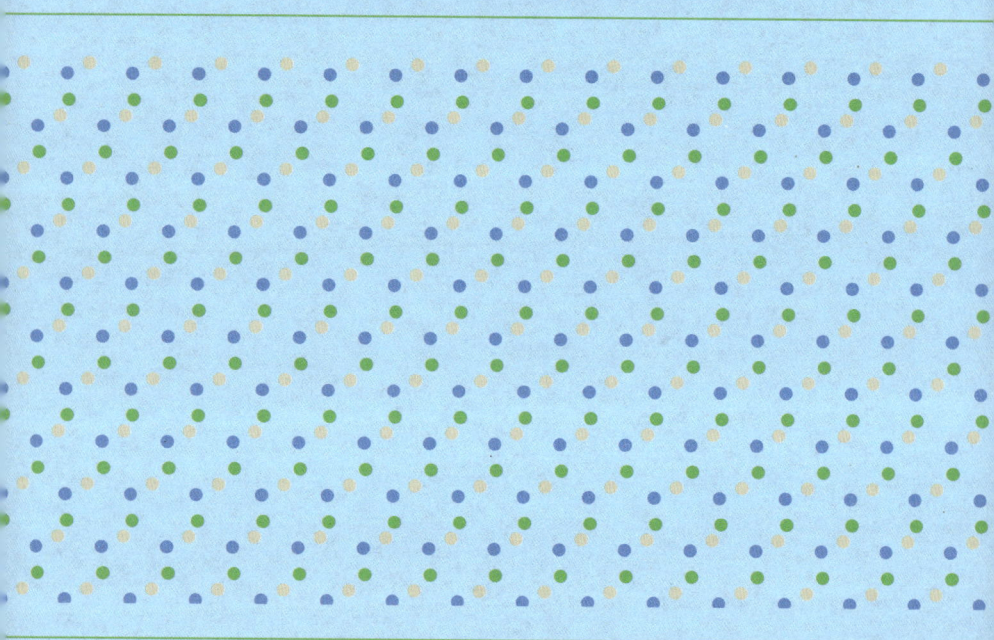

如果生命是一段漫长的旅程，

大人和小孩一样，一生都要通过很多次"蛹"的时期，

说不定有很多大人到现在都没有蜕变成功，

搞不清楚"自己是谁"或"自己可以成为什么"。

我直到当了两个孩子的妈妈，

才重新把生命归零，花了好大的力气找回自己。

卷三

女人，你的名字
不只是母亲

——妈妈的爱与自我追寻

最圆满的亲子关系
——妈妈做自己，
也让孩子做自己

〰〰〰〰〰〰〰〰〰〰〰〰〰〰〰

鹿桥有一篇故事《幽谷》给我无限的感触。

一位独自徒步的旅客走进无人的幽谷，找了一块平地过夜。睡梦中，突然窸窸窣窣，传来细细小小说话的声音。他小心翼翼地侧着身子屏息聆听，发现从远处到近处，有一丛小草像孩子似的，你一句，我一句，兴奋地讨论同一件事。

原来，这丛小草在这个季节，正准备要开出自己的花。凡是轮到当天清晨开花的小草，都要在天亮以前，早晨的阳光还没有照到她们的时候准备好。只要阳光露出光芒，每一株小草都要抬头挺胸，举起草梗最高处唯一的小花苞，绽放出自己的色彩。

由于这种小草一生仅有一朵自己的小花，这些小草七嘴八舌讨论的，当然是自己会开出什么颜色的花。而这个专属于自己的颜色，主要是由草尖飘过来的微风，负责传讯的花天使分发给她们。"小宝贝，你是粉红色的！""我的小妹妹，你开一朵洁白的！""深红的！你这个幸运的小东西！"接收到命令的小草，一个一个就像准备出嫁的新娘，欢天喜地地忙着把握时间梳妆打扮。唯独有一株小草，一直等不到她自己的颜色。

"好漂亮的小草！没有比你长得更好的了！一年里只有你有这样的幸运，你爱什么颜色就开什么颜色的花，都随你！祝福你！"这株特别受到眷顾的小草快乐极了。她不知盼了多少美丽的颜色，盼了多久，现在居然得到了比任何颜色都还要美丽、还要满足的荣誉。所有的小花草都来庆贺她，开过花的也把自己有过颜色的好坏告诉她，将来才轮到开花的就把自己偷偷藏在心上的颜色告诉她。

"究竟像牡丹一样的粉红富贵好呢，还是淡雅清远的菊花比较耐人寻味？从午夜的墨蓝，到日出前的鱼肚白；从太阳神的金箭，到傍晚的日落紫……"当幽谷里充满欢笑，所有的花草都准备好，只要金黄的阳光一射下来，她们就呈现出自己艳美的颜色时，这一株受到特别眷顾的小草却还在独自苦思。

太阳猛地从山头上升起来了，幽谷里充满花香，也充满温暖。旅人醒来了，急急忙忙翻身寻找那一株小草，探看她究竟开出了什么颜色的花朵。

却没想到，他只找到一株美好的枝梗，擎着一个没有颜色、没有开放、就已经枯萎的小蓓蕾。

看完这个故事，心里总会涌上一阵酸楚，仿佛看到自己过去人生的缩影。三十五岁以前的人生，自己该开什么样的花，该为自己涂上什么色彩，都是父母和师长安排的。虽然从小就

是同学眼中的高才生、模范生，考上台南女中，师范大学也都
是自己的第一志愿，却直到当了两个孩子的妈妈，才重新把生
命归零，花了好大的力气寻找自己。有时，我不免会想着，台
湾这块土地的父母和师长，会不会急着培养出所谓"优秀"的
孩子，却忽略了孩子内在种子有没有开出属于自己的花？

走在自己所爱的路上，人生永远不会嫌晚

埃默森曾说："一个人最大的幸运，就是被内在精神所引
导而成为真正的自己。"也许是自身的经验，加上那朵还没有
开花就枯萎的小蓓蕾撼动了我，从小我对两个孩子的教育，特
别看重做什么、学什么会真正开心，并且极力帮助他们走在自
己所爱的路上。

除了喜欢写，儿时我也喜欢跑步和画画。跑步和画画对我
而言，是隐形的火苗，微微燃烧，虽然没像写作那么狂热，却
一样也离不开我的生命。说来奇妙，虽然从不刻意栽培孩子，
老大从小就爱上田径跑步，妹妹好像天生就握着画笔。两个孩
子对跑步和画画的狂热，简直把我小时候内在对跑步和画画的
火苗，从内而外，熊熊地燃烧起来。这究竟是一份怎样的感

▲ 我希望我可以画，可以写，直到天荒地老。

动，你做不到的，你渴望的，你不敢追求的，居然在下一代看
见了！

尤其女儿对画画的热情，简直比我小时候还要强烈百倍。
不只主动要我帮她找老师学画，本来她的程度只在初阶，后来
画着画着无法满足，又主动问老师能不能到高阶班学她想学的。
我被女儿学习的欲望打动了，内心总有一点什么蠢蠢欲动。

想起小时候自己本来也很喜欢画画，后来却因为某些缘故
不再动笔。虽然辞去教职开始写作，也重拾画笔涂鸦，但内心
总有一个瓶颈无法突破。受到女儿的鼓励，我终于下定决心也
去找老师学画，帮我突破孩提时代一直没走过的关卡。这个关
卡，本来在小学就应该面对的，没想到我竟然迟了三十年才有
勇气正视自己。

记得第一次去画室上课时，总觉得自己是带着"十岁的自
己"走入画室。第一堂课，老师随意我涂鸦，而我画着、涂
着，居然开始头晕，后来还全身发热，好像有什么东西急着从
内里蹿出来，如果找不到出口就会爆炸似的，把我自己吓了一
大跳。虽然隔了三十几年才面对自己画画的瓶颈，也许迟了
些、慢了些，但我发现内心的渴望却依然炽热，甚至超乎自己
的想象。

人生永远不会嫌晚。但你得打开自己心里的开关，让你的能量有出口跑出来。虽然感觉自己只是跨出一小步，在心灵上却是大大的跃进。原来，只要自己愿意松动过去的桎梏，哪怕只是轻轻碰触，生命底层有好多东西，也会跟着一点一滴冒出来。尤其每次一拿起画笔，心里就会涌上一种踏实感，觉得自己跟自己变得好贴近。我并不是想当画家或办画展，而是猛然察觉画画是我写作的养分，突破障碍去学画之后，内心好像有什么地方被打通了，脑海常常浮现很多画面，不管是来自现实生活或生命底层的潜意识，都帮助我写得更多、更深，而且更有能量。更贴切地说，我好像比以前更知道自己要什么，虽然前方的路还很长，生活仍然会有困境，但至少比以前更勇于做出一些决定。没想到，一个单纯学画的小小念头，竟然让我学到那么多画画以外的东西。

接纳真实的自我，用自己喜欢的方式养小孩

这段时间，我也同步在 Facebook 和读者朋友分享我的成长。"一个人只要好好面对自己，一定会有很多意外的发现。""不管年纪多大，踏出第一步去完成年少时的想望，你会发现内在潜藏着自己不知道的能量，超乎你想象的庞大。""跟

当年的自己说，想做什么就放胆去做吧，不试怎么知道自己究竟想要什么呢？"

唯有从你心灵深处流出来的东西，才会流到孩子的心坎里。有时候我会想，如果父母不知如何"做自己"，又如何引导孩子"做自己"呢？唯有父母愿意给自己更多生命的可能，将心比心，才有可能给孩子更多空间去发展自我。

很多父母往往把自己的极限，当作孩子的极限，用自己狭窄的视野框住了孩子的世界，导致很多孩子连尝试自己有兴趣的机会都没有。事实上，"尝试"只是跨出去的第一步，或许孩子最后想要的是其他的东西，中间所有的过程都只是媒介罢了。

很开心的是，后来有些妈妈告诉我，她们受到我的影响也开始探索自己，有人学拼布、有人学日语，也有人去学书法，也有妈妈留言给我："过去人生中自以为的可惜，其实在未来的生命中，都会再度开花结果。"这让我有一种深深被了解的感动。

《科学杂志》曾经报道，怀孕与养育下一代会让雌性动物（包括女人）变得更聪明、更勇敢。我因为养育两个孩子，反而让我重新看见自己，活出真正的自我。我挺喜欢美国一位心理治疗师的观点："快乐来自于你按照自己的价值观享受人生，来自于你和他人内心深处的联系，来自于接纳真实的自我。"

因此，我总是鼓励妈妈聆听自己的声音，用自己喜欢或最适合自己的方式养小孩，同时也勇敢地追求自己的成长。

最圆满的亲子关系应是成就孩子，也成就你自己。妈妈做自己，也让孩子做自己。挖掘孩子的天赋，让孩子长成他自己的样子，妈妈也借由养育孩子，修剪生命的枝叶，圆满自己的人生。教养，除了养孩子、柴米油盐之外，应该还有更丰富的旅程，值得妈妈去追寻哪！

雨中的我，永不放弃
——留给孩子一本爱的存折

大学时代，因缘际会之下，参加陆雅青老师的"艺术治疗"小团体，学习用色彩和线条探索自己，也开启我对绘画的另一只眼睛。二十年后，四十二岁的我鼓起勇气学画，在蔡渝娴老师的鼓励下，尝试用多元媒材展现自己的内心世界，也再度试着用涂鸦画写创作日记。几个月来，我一点也没有给自己画得好不好、像不像的压力，只是开开心心地用自己的感情和直觉去作画。我发现，原始的人类，没有文字时就是用画的，也许我们只是重返人类的原乡去作画罢了。

蔡老师说，画出雨中的自己有时可以看出一个人的抗压力。她说，我画的大雨那么大，居然都没有撞击到自己的身上，可见自己可以承受压力，也能排遣压力，不至于让压力伤到自己。

其实当初蔡老师要我们画出雨中的自己时，我第一个直觉是想起儿时有一次，遇到暴雨，在荒郊野外求救无援的情况

下，自己努力想办法回家的情景。

画画和写作有时很奇妙，常让我不自觉地想起很多往事。回家后，我做了很多联想，好像在画中又多了解自己一些。

雨中联想一：妈妈的爱，像把坚强的保护伞

记得上小学时，有一次，我从外地骑脚踏车回家，正好碰到大雷雨，当时我什么雨具都没有，在荒郊野外又找不到躲雨的地方。心想着，妈妈一定在家门口担心地等我回家，无论如何非努力骑回家不可。

不过，那场雷雨交加的大雨实在太可怕了，我死命地骑，一边骑一边忍住眼泪。回到家跳下脚踏车时，几乎全身发软。洗完澡喝完妈妈煮的热汤后，我倒在床上呼呼大睡了十几个小时。

虽然我从来没有跟妈妈说过，是因为她对我的爱，才让我在风雨中如此坚强。但在我成为妈妈之后，我很了解自己最想带给孩子什么，那就是满满的爱，以及无论如何都要活下去的意志和生命力。

说也奇怪，自从那场雷雨之后，每次下雨我就特别想回家，到现在还是一样。

▲ 雨中的我跟大雨说，虽然它会淋湿我，却无法伤害我。因
　为，我总是有办法找到回家的路。

雨中联想二：带给孩子穿越困境的韧性

这一代的小孩在父母的保护下，应该很少有淋雨的机会了。（其实淋雨过后，马上洗热水澡喝热茶，身体并不会有什么大碍。）有一次，我还特地带小红豆和儿子体会在大雨中淋雨的滋味。

那种在豪雨中被雨拍打，几乎睁不开双眼，三个人紧紧握着彼此的手，在风雨中摸索前进，努力寻找出口的生死与共的滋味，至今仍然是两兄妹难忘的回忆。

我只是想让孩子藉由这个特别的体验而明白，"生命中的确会有风雨的"。我们不知道风雨突然来袭时，它的暴风圈和强度，以及它袭击的路径，会带给我们人生多少转折，尤其在大雨中，前方的路总是模糊的。我们如何教导孩子"明知处在险恶的境地"，仍然保有"遇见阳光的信心"直到雨过天晴？

我想，这种信心是需要锻炼的。

精神科医师、同时也是作家的戈登·李文斯顿认为，"人生是一连串的意外发展，而且往往令人不快。"他觉得我们愈能适应这种不确定性，愈能快乐自在。因此，我总是坦白告诉孩子，生命不全然都是美好光明的，有阳光一定也会有风雨，

▲ 我的心中永远有一颗小太阳，在雨中，在黑夜里，为自己发光。

这才是生命的常态。

童年成功通过风雨的考验，给我两个重要的影响。第一，我发现人在困顿中，其实都有努力活下去的本能。第二，不管风雨多强，永远不要放弃寻找出口的韧性。在我长大成人后，每一次的困境总能把自己的潜能发挥到极致。

困顿中，我总会告诉自己别放弃，坚持自己想做的，再试一次，看看会不会找到其他出路。虽然心情仍然会有高低起伏，难免也会灰心丧气，但往往绕了一大圈，又会重新燃起再度出发的勇气。

也许，我真正想留给孩子的是一本"爱的存折"吧。希望孩子在我给他们的爱里面，看见永不放弃的勇气，一如当年母亲给我的。也许有一天，孩子会把这本"爱的存折"传承给他们的下一代，让爱继续绵延，在每一次风雨中看见爱的阳光。

雨中联想三：怀念爸爸雨中的车声

每一次下雨，除了想起妈妈，我也会不知不觉地想起爸爸。

爸爸在乡下开饲料行，总是把饲料捆在摩托车后座，用机车来回在村子里穿梭运送。每次下大雨时，我们总担心爸爸在泥泞的小径滑倒，所以会站在门口搜寻爸爸的身影，直到听到由远而近的摩托车声音，才渐渐放下忐忑不安的心。

虽然爸爸过世多年，每当下大雨时，我还是会不自觉地把眼睛望向窗外，拉长耳朵搜寻熟悉的摩托车声音，却倏然发现爸爸早已离开我们，一阵莫名的伤感涌上。尽管生命无法重来，每一次在雨中想起爸爸，我都会循着记忆里的摩托车声，以及滴滴答答的雨声，把想说的话尽情地写在日记本上，仿佛爸爸什么都会知道。

好多年就这样过去了。前些日子夜里下起大雨，哗啦哗啦地响着，我不再急着搜寻爸爸的身影，脑海里却浮现爸爸红润的笑容，仿佛在告诉我，他很好，要我别担心。

我知道，我终于走出失去爸爸的悲伤。

你像爸爸还是妈妈

很多人第一眼看到我儿子，都说他长得像先生。自从在 Facebook 上放了我大学时的照片后，许多朋友反而说，大学时代的我和儿子挺像的。

有一天，我和儿子在家里四眼对看，笑谈母子究竟像在哪里。从外貌五官，谈到内在的性格；从年轻的我，谈到中年的我。像与不像，同与不同间，一连串的讨论分析，竟然变成自己对自己的深入探索。

当然啦，孩子可能会像我们某一个时期，却不可能一辈子都像父母。最后，孩子终究会带着我们给他的养分，长成他自己。

　　我们也许可以试着在家族聚会，摆上几张不同阶段的亲子照、甚至是祖孙照。两相对照，也许对自己和另一半，甚至对父母，会有不一样的观察和发现。

　　我趁着暑假回南部，翻箱倒柜终于找到我爸爸年轻时的照片。爸爸二十几岁时，曾经是一位小学老师，后来因为孩子一个个出生，为了家计只好放弃教职，选择当一个兽医。

　　瞧着照片中的爸爸，我心里想，"他当年一定是个帅气的老师，深受学生的爱戴。"蓦然想起，从小不管我走到村子的哪里，总有人问我，"你是某某人的女儿吗？"当年父亲管我管得太严，造成我激烈的叛逆，我拒绝像爸爸，也不愿自己有一丁点儿像他，甚至希望自己不是他亲生的。

　　而今，我看着年轻时的学士照，突然发现自己的确很像年轻时的爸爸，容貌、眼神、情感，其实都像极了爸爸。直到爸爸过世多年，我才渐渐找出自己和爸爸的相似处。

▲ 淑文的学士照

▲ 父亲黄祈财年轻时

　　我原以为自己会一辈子牢牢锁住对爸爸的感情，却没想到，一张照片却意外地打开了我心里的某个锁。望着爸爸的照片，我的泪水忍不住潸潸落下。原来，不管爸爸年纪多大，甚至最后在病榻上，自始至终我都是深深爱着他的。

　　爸爸，其实我一直都好想你。

在人生的大海，
我想要成为一只飞鱼

我每天清晨载儿子去学校。有时间我就会去淡水河边看海，一个人，安安静静地，望着远方的天空发呆。

有谁能笃定地说，海的另一头或前方的路，一定会如何呢？

年轻的时候，曾以为自己会一辈子单身，没料想到后来闪电结婚。结婚后流产两次，原以为自己没办法生小孩，没想到生了两个可爱的小孩。辞去教职后，以为从此会离开校园，没想到绕了一大圈，又回到学校兼课，学生仍是我心头无法放下的牵挂……

生命常常会出现我们料想不到的转折，也许是考上某间学校或遇上某个人。正因为人生无法预料，所以不管处在顺境逆境，我都会提醒自己，不要过于执着现况，要像自己剪贴画中的那只彩色飞鱼，预留各种突发的变数。必要时，要从人生的谷底飞跃而出，为自己冲撞出新的可能。

▲ 在人生的大海，我想要成为一只飞鱼。

　　妈妈要懂得面对自己，才知道如何走进孩子的心灵深处，帮助孩子探索自己。英国女作家伍尔芙如此比喻每个人的自我，"自我，就像鱼一般地住在深海，往返于偏僻之处，穿过巨大海草的叶片，来到阳光闪烁的空间后，却又不断地再潜入幽暗、阴冷、深沉，和莫测高深的底部。然而，在不经意的瞬间，它又突然蹿到表面，在被风吹皱的波浪上嬉戏……"

　　生命是会流动的，每个人的自我是多元的，甚至充满未知，超乎自己本来所认定。你是否曾经用单一的角度，认定自己的人生，认定自己的孩子？

　　在人生的大海，我想要成为一只飞鱼。你呢？

画一张生命地图，
检视自己的生命历程

　　有一天，我梦见一个妇人，从我身上抽了少量的血，输入某个仪器后，竟然跑出一张我这辈子的生命地图和各种分析。我在梦中又惊讶，又好奇，加上一丝丝恐惧。

　　生命可以被预测、被分析，或被身体记录吗？我能不能在每个阶段长出不同的东西？

　　很多人喜欢透过算命，知道自己未来的命运。我不喜欢算命，也很少主动去算命，但总会碰到几个会看命盘或会算生命指数的朋友跟我说："淑文，你是走老运的，愈老愈好，会有一个丰饶的老年。"第一次听到时，并不在意，但三番两次都有朋友跟我这么说时，不知不觉就会在心里偷偷想着："怎么会这么歹命呢？好运不早一点来，老年哪有力气享福呢？"

　　渐渐地，步入四十几岁，每天照镜子发现白头发拔不完，不觉又想起"走老运"这件事，念头一转："每个人都只会愈来愈老。走老运的我，是不是意味着，只要愈老就会离幸福愈近呢？原来每一分每一秒，我都在往我的幸福前进哪！"

我想，我的老年一定会丰饶的，不见得是因为我真的相信算命的预言，而是我发现，正面思考的确会转动一个人的命运，带来心灵的幸福。

向过去的痛苦，寄上一张慰问卡

记得有一回去画室，蔡老师要我们回顾从小到大的生命历程，并用线条和笔触画出其中的酸甜苦涩，各种爱恨交杂喜怒哀乐的情绪。相较于算命，我比较喜欢检视自己的思维，或者用画画的方式探索自己，找寻生命的答案。不管是一触即痛的伤口，还是潜藏在生命深处的恐惧、爱欲与贪嗔，这些留在心上的轨迹，像一张无形的网，织就了现在的你我，有时需要我们花一些力气去整顿。

我很喜欢心理分析师埃思戴丝的观点，她支持荣格的论述，认为心灵中没有一个东西会消失不见，所有的情绪都能启发心灵。我们不需那么快就把愤怒或其他情绪打发掉，而是在心内向它学习，跟它对谈，把它捏塑成一个对自己有用的东西，让它以新的形式重新被释放出来。以愤怒为例，如果一个人能注意到自己的愤怒，并善用愤怒所发出的火光，用以觉察

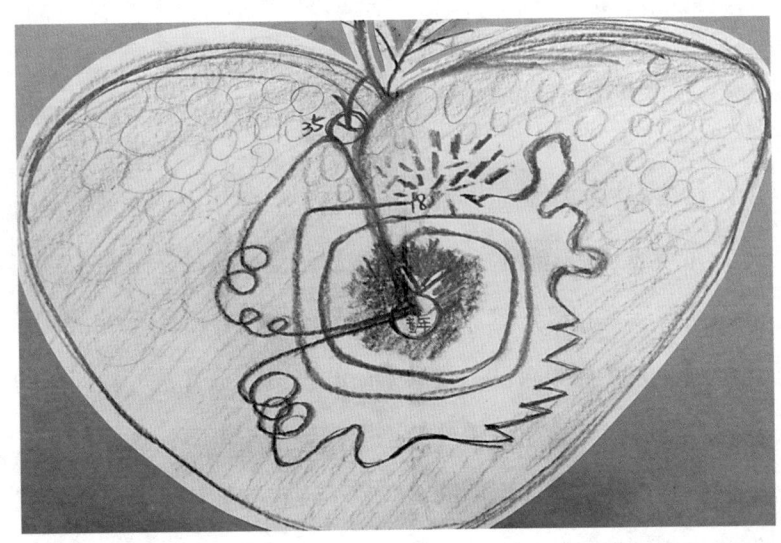

▲ 心灵是个神秘幽谷,走进它、拥抱它,想哭、想笑、想飞,有根刺刺得我好痛,有个梦温暖我心田。刺与泪,笑与梦,都是生命。

平常看不到的事情，愤怒就会成为我们生命转变的契机。

埃思戴丝博士认为，一个人在活过一段很长的时间之后，无可避免地会累积许多残渣碎片。通常在中年之际，我们往往必须替自己的未来做出重大的心灵抉择。尤其女人常在四十岁出头时来到这个关卡，她们深陷在怨恨之中，感觉自己受够了，"最后一根稻草已经压垮了骆驼"，怒不可抑而且筋疲力尽。这时女人只要愿意聆听生命的呼唤，不沉沦于负面的情绪，就能重拾生命力并获得重生。

以探讨女性生命闻名的埃思戴丝提供一个做法，就是在白色长形的纸张上，把关于你的生命大事年表画出来。想想自己从出生到现在，曾经发生哪些事情让你的生命受损，按照时间点排列出来；想想自己的内在有什么东西必须死去，好让自己能够腾出新的空间去爱别人；或者有什么东西是我知道必须死去却舍不得的，用十字架标记在图表上。她认为，为自己制作一个安息记号（十字架图形），就是为自己心灵那些被弃置、被荒废、被埋藏起来的东西，或者飘荡浮沉而不知所终的心愿，提供一个安息的场地。换句话说，就是温柔地对待自己的过去，向过去的痛苦寄上一张慰问卡，借此转化自己的情绪，更新自己。

"女人的愤怒（痛苦）经常可以溯及她的原生家庭、周遭文化，有时则是成年时遭遇的创伤。无论愤怒（痛苦）的根源如何，我们必须先经历某事（摊开、看清楚），才能察觉它、祝福它、释放它。"埃思戴丝鼓励女性朋友拿着自己的大事年表，坐下来好好打量自己的生命，问问："哪些时间点或哪些事件，是需要被记住、被祝福？或者应该学习遗忘？"如果有些痛苦是过去应该被悼念，而至今仍未被悼念的，她会在大事年表旁摆上小小的十字架图形。至于那些隐隐有感觉，却无法浮出台面的事件，她会在年表上写上"不记得了"。如果痛苦已经被释放或早已释怀，她会在旁边注明"已经被原谅"。

将生命的哀伤，化为喂养自己的养分

除了用画画探索自己，或用生命大事年表检视自己的生命历程，我也常写日记发泄自己的情绪。我的柜子里有一大摞日记本，很少拿出来看，因为日记本的文字常常是赤裸裸、毫不掩藏的情绪性宣泄，事过境迁看了，常让我面红耳赤或胆战心惊。

每年生日前后，我总会随意抽出一本出来看。今年拿到的是一本布满泪痕的日记本，我的心抽了一下，犹豫着要不要放回去，最后还是鼓起勇气摊开日记本。我的记忆循着文字的轨迹回到当年，眼泪止不住地一滴滴落在旧的泪痕上。不同的是，以前的眼泪是痛苦的、纠结的，而今的泪水是酸酸甜甜的，有一种刻骨铭心的清明。

我想到自己从小就第一名毕业，等到青春期谈恋爱遇到瓶颈，才发现过去引以为傲的名次奖状完全派不上用场。长期累积的压力和不知如何自处的情绪，让我惊慌失措、郁郁寡欢，甚至差点爆炸崩溃。幸好在大学时代的青春年岁，遇到几位心理辅导老师，她们和我聊人生、谈生命，帮助我从低谷中爬起来。

内心虽然一直很感谢老师，也很思念她们，但大学毕业后一直没有勇气去见这几位心辅老师，总觉得看见她们就像摊开一张伤疤地图，看见过去青涩的自己。今年六月，儿子陪我去拜访教我用画画疗愈自己的陆老师。还有一位心辅老师，之前我一直没有勇气去找她，但我好想念她；听说老师这几年得癌症，生怕自己打扰她，又害怕自己再不鼓起勇气，就会永远失去老师。

今年生日，看到大学时代写的日记，心里再度兴起探望老师的念头。有一天出去开会，路过老师任教的学校，我决定鼓起勇气直接去找老师，没想到老师竟然刚好在办公室。暌违二十三年，我终于和我梦中思念的老师见面了，忍不住泪水滑过我的脸庞。老师和以前一样总是静静地聆听，支持我、陪伴我。返家的路上下了一场大雨，雨水打在我的脸上，早已分不清是泪还是雨。原来，我是如此想念老师，而今我终于攀越跨越二十多年的岁月高墙，一个一个地见到她们了。

返家时，淋了雨，全身都湿透了。不知是着凉，还是太久没和老师见面，晚上睡觉时二十几年的记忆蜂拥而上，我的胸口涨得好难受，全身上下好像在燃烧。

儿子察觉我的异样，拉着我的手，拍拍我的肩膀问："妈妈，你怎么了？到我房间来说一说，会不会好一点？"我点点头，到儿子的房间去。结果，我什么也没说，儿子什么也没问，只是让我尽情地哭。也许太累了，后来我居然就睡着了。

隔天早上，载儿子去上学时，我有点不好意思。我跟儿子说："妈妈昨晚没怎样，你不要胡思乱想。"儿子点点头，调皮地说："骑快一点，我快要迟到了。"我开怀地哈哈大笑，加速马力，突然觉得自己好像把过往的一切，远远地抛到后面去了。

没有过去的淬炼，哪来现在的我？真正的疗愈，并不是要我们完全忘记过去，不再流泪悲伤，而是学习面对过去的创伤。当它每一次从记忆里跑出来时，学习与它和平共处，了解它想要给我们的讯息。也许，我们都只是不断地学习和过去道别，不断地用泪水洗涤自己、净化自己。很奇妙的是，当你有勇气一层一层把自己剥开，那些点点滴滴的哀伤，不堪回首而让人心碎的记忆，竟然一层一层地脱落，化为喂养自己的养分，长出傲然坚韧的丰姿了。

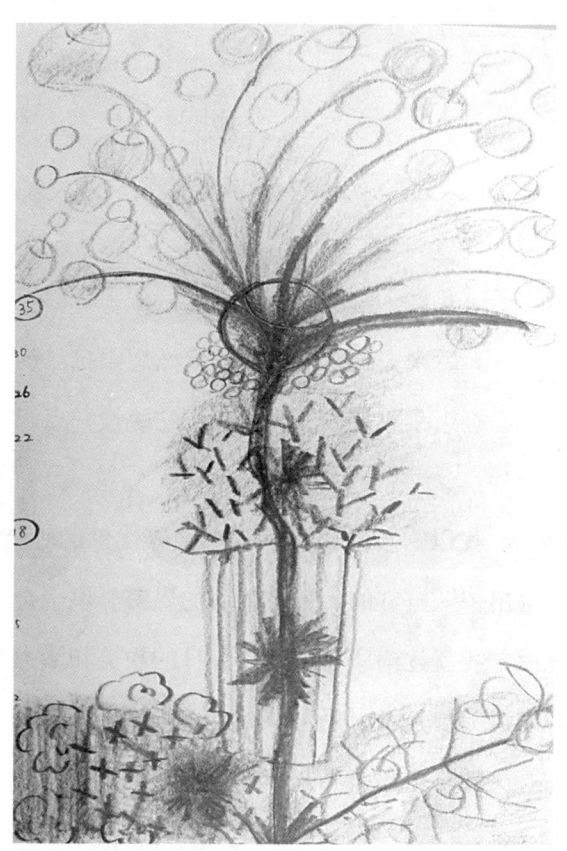
▲ 痛苦，是喂养自己成长的养分。

品尝生命的果实，
让自己过得更好

前阵子，我病了一场，躺在床上，似乎可以听到心脏怦怦乱跳的声音。后来去画室画画，我突然想跟自己的心脏好好说话，听听心脏想跟我说些什么。我请它跳慢一点，并保证自己会用心聆听。

原本，我以为自己会画出一颗破碎忧郁的心脏，没想到，却意外画出一颗鲜红的、来自生命的果实。说也奇妙，从画室回来之后，我就逐渐康复，恢复昔日的欢笑和活力。

原来，只要用心聆听心灵的声音，生命就会给自己希望，甚至在心灵的某个角落不知不觉地重新长出新芽。

我要为自己做什么，才会过得更好

墨西哥画家弗里达·卡萝曾经画了一幅《生命之果》，一个橘红色太阳，将它温暖的脉状光芒射向土里的香蕉、西瓜及

▲ 生命会给自己希望，重新长出新芽。

橘子，仿佛生命的果实伸出内在的根须，和太阳的光辉紧紧相系，绽放出生命的光亮。卡萝说，"生命是艰困的，但是，品尝它。"我很喜欢卡萝画里的生命力，她的画总是显示出她了解自己、她属于哪里、要怎么活着。

这几年我接触许多妈妈，发现多数的妈妈爱先生、爱小孩，却不懂得如何爱自己。等到先生有了辉煌的事业，孩子展翅飞翔，面对空荡荡的屋子，才发现自己找不到存在的价值。也许妈妈们要一边照顾家庭，一边思考如何照顾自己、如何让自己快乐、如何为自己的生活带来更多乐趣。

露易丝·海在《生命的重建》说了一个动人的故事。有个女孩，在如花似玉的年纪爱上了一个男孩，没想到情郎却一场大病，意外过世。但这个噩耗没有击倒她，虽然后来终身未婚，却度过愉快的一生，活到八十五岁才安然离世。

在旧时的年代，女性无法外出工作，终身未婚变成只能依靠父兄、看别人的脸色过日子，照理说她的后半生应该很难熬，但她却自我打理良好。她的侄女在她遗留下来的日记本里发现，她给自己订下生活守则，规定自己每天必做五件事：

- 对别人有益的事。
- 对自己有益的事。
- 做不想做而应该做的事。

- 锻炼体力。

- 锻炼心智。

女孩的日记，详细记下她如何实行这五件必做的事：天天照料别人；把家里整理得妥当舒适，也把自己照顾好；读对自己有帮助的书；持续保有自己的兴趣，如刺绣缝纫等。很令人感动的是，她在日记本上写着："我采取主动，逃出自我的牢笼。在生根的地方，成长苗壮。"原来，她是以这种方法和黑暗作战，才不至于被黑暗吞蚀，抑郁而终。

外在的境遇是内在的投射。如果，我们相信自己可以改变命运，生命就会出现新的转机。每天清晨一起床，我都会在心底对这个世界、对每一个和我相遇的人，对我的家人表达感谢，并为他们祈福。

然后，我会问自己："我要为自己做什么，才会过得更好？我要为孩子、另一半、生活的土地做什么，这个世界才会变得更好？"当你的心念往正面的地方运转，自然就会把正面的能量吸引过来。

自己制作一个锦囊妙袋

平常，我会自己找一些小乐趣来娱乐。譬如，我看到报纸杂志上一些不错的句子，就会随手剪下来或写在纸条上，全部放在一个小布包（锦囊妙袋）里。每当我遇到困难或脑筋转不过来时，我就会从这个小布包里随意抽几张出来看，看看上天会给我什么引领或启发。

记得有一回，一位深受感情困扰的朋友求教于我，一时之间不知如何回复，我就从锦囊妙袋里抽出一句话："当两个人走不下去了，也不代表过去的爱没有意义。"这让我忍不住会心一笑，有了回信的灵感。

还有一次，我自己抽到一张纸条："如果你怕输，就没胆子赢。"这是瑞典网球名将伯格说的，颇能赢得我的共鸣。我觉得我的生命好像常常有这样的战斗力，看见自己喜欢的，真正适合自己的，甚至是自己想望的，我都会奋力一搏，努力试试看。

真的，如果你没试，怎么知道自己做不到？就算失败了、跌倒了，擦擦眼泪，又是一条好汉，根本没什么好怕的。

我开始回想自己对什么事没信心或感到惧怕，蓦然想起，我从小就觉得自己的手很笨拙，天生的左撇子被长辈硬改成右撇子，每次拿针线都不知该拿哪一手（结果左右手都不会缝），印象中家政分数总是很低。

中学毕业后，几乎不曾做过女红。握着手中的纸条，突然有个声音告诉我，为什么老是要自我设限呢？于是大胆拿出一件不合穿的黑色背心，做了剪裁，缝成自己喜欢的样子。没想到，居然成功了，穿在身上还挺有型的。

没有什么不可能的，说不可能的都是自己。妈妈其实可以成为自己心灵的发电机，每天为生活创造一点小惊喜，做一点小改变。这样，日子久了，就能扭转原本枯燥的生活和心境。

唤起内心的力量：我渴望什么？我向往什么

大学时代的心辅老师陆老师推荐我看《与狼共奔的女人》。看完埃思戴丝博士花了二十年、将近八百页的重量级巨作，心里受到很大的撞击和感动。埃思戴丝在书中坦言，早期"做个乖女孩"的训练，常使女人压抑自己的直觉，停止内在的成长。很多女人常常幻想透过一场恋情（婚姻）、一份职业或一笔钱，让自己得到稳固的依靠，甚至天真地以为自己不再花费任何力气就能拥有坚不可破的婚姻与家庭，以为结了婚，相夫教子，人生从此就高枕无忧。

想想长期被废弃的田园，怎么有办法持续长出丰盈的作物？生命怎么可能没有任何努力就被喂养被满足？

女人应该要有自己的能量，找到自己的价值，让自己发光发热！

她说，每个人出生时其实都像细胞中心具有潜能的原基（anlage），在原基内部有个会随时间成长的原始物质，使我们成为完整的人。我们必须努力唤醒这个心灵的原心，寻回生命的本能和天生的直觉。

"通往内在原始本性和灵魂对话的门并不多，但它们非常可贵。如果你有一道很深的伤疤，那是一扇门；如果你有一个难忘的旧故事，那是一扇门；如果你深爱天空和流水到无法自拔的地步，那是一扇门；如果你渴望更深、更完整而更健全的生命，那也是一扇门。我们必须努力让我们的灵魂以自然的方式成长，并让它成长到它自然的深度。"

直觉力是女人心灵的宝物，如果要保持自己与直觉的联系，最好的方法就是"问你自己要什么"，并且诚实地问自己："什么是我引领盼望的？我渴望什么？我向往什么？"不论女人的年龄多大，重新肯定、重新追溯或重新启蒙，都可以重新找回深处的直觉。

只要我们愿意用倾听来喂养深处的直觉，并依照它的指引来采取行动，深处的直觉会告诉我们什么对我们有益，我们下一步需要什么。

妈妈关在家里久了，有时很怕改变，也很懒得做改变。不

▲ 我的生命树，有一颗心灵的眼睛。

妨和我一样，试着问自己，"什么东西最能代表自己？"然后让直觉告诉你答案。

常常会有个声音从我的心头跳出来："我想要成为一棵树。"紧接着，我总会追问自己："为什么我想要变成一棵树？我渴望什么？"忽然间，我的内在好像有什么东西重新被搅动了，开始叽叽喳喳地讲话："从小，我就渴望变成一棵树。我想要长得很高，因为想看得很远；我想要把根扎得很深，因为想要站得更稳；我想要长出浓浓的树荫，让疲惫的旅人可以在我身旁歇息。"

你注意到了吗，我的树身，还有一颗心灵的眼睛？因为有些事，张开心灵的眼睛才看得见。因为我太渴望变成一棵树，所以从小故乡的每一棵树，都被我抱过、爬过。如果有来生，我想要变成一棵树，长得很高很高，然后安安静静地眺望这缥缥缈缈的人间和滚滚红尘……

我用笔画出这棵一直活在我内心深处的"生命树"，发现它赤裸裸地道出我内在的渴望，以及我对内在生命的灵视。没错，从小我就渴望成长，像大树一样无止无尽地往上成长，然后伸出枝干尽情地探索这个世界。

这个世界那么大，我总是渴望伸出生命的触须和枝干，张开心灵的眼睛，和所有活生生、会成长的生命体（哪怕是一根

草一朵花），一起呼吸、一起长大。

制作生命美好的蓝图，找出最坚强的后盾

当你像我一样听见内在的灵魂发出呼唤，你会发现自己有个角落开始骚动，许多过去不曾被你探视的东西开始跳跃起来。我开始沿着这棵树的枝干往上爬升，在花漾般的绿叶上看见自己对未来的憧憬，同时又看见自己对过去的缅怀。

我开始回顾四十几年的人生，问自己："什么样的东西，什么样的人，像大树盘根错节的根须，牢牢稳住我的人生？"那一定是我生命最珍贵的宝藏。

我一一写下我挚爱的家人、先生、两个孩子、几个可以说真心话的好友、永远会惦记在心里的学生，还有当我有疑问时能让我请益的长辈。

我重新检视自己的健康有哪些需要重新修复加以锻炼，然后把自己最想完成的梦想，排近程、中程、远程的计划。当我把这些生命最珍贵的宝藏（家人、朋友、学生、长辈、健康、梦想），一个一个贴在最能代表自己的生命树，两者融为一体时，我看到一幅美好生命的蓝图，找到自己最坚强的后盾，燃起无比的勇气。

每天腾出一点时间默想，为这张专属于你的美好蓝图发出强大的愿力、祝福和感谢，想象一道幸福的光芒紧紧围绕着你和你所爱的每一个人。想想生命里面还有哪些人值得你好好珍惜，这些人是你不离不弃的依靠，不管你悲伤痛苦都会与你同在，你花多少时间关心他们？用了多少心思经营这段美好的关系，并作为心灵强而有力的后盾？为你所爱的人而活，同时不忘爱自己，为自己的梦想而努力，你会发现自己在追梦的路上并不孤单，而且动力十足。

为自己做周期性的心灵打扫

前一阵子我看了一则报道，有位七十三岁的阿嬷，花了十七天，一个人骑摩托车环岛，奔波一千多公里，只为了看九十三岁的小阿姨、九十七岁的姨丈和其他亲友。她说，几年前住在台北的二阿姨过世了，她担心再不去看其他亲友，日后不知能否再见面。"人生无常，想做什么就要赶快行动。"这位七十三岁的阿嬷活力十足，年轻时以编织为业，退休后在学校和小区开棒针课，担任志工，前年还为自己圆梦，考取街头艺人证照。

一个七十三岁的阿嬷，还如此努力地活出自己，无疑为我们打了一剂强心针。容易安于现状、和社会脱节太久的妈妈，必须先找到自己的渴望，投注热情的火种，最后必须鼓起勇气点燃它。就像升火一样，我们必须先有木炭（找到自己喜欢做的事），再放入火种（点燃自己的渴望），还要不断地扇风维持恒火（付出时间耐力，保持热情的温度和火候，直到抵达梦想的终点）。

据我观察，太久没有受到外力刺激的妈妈，其实很容易因为小小的挫折而否定自己，最后找借口打退堂鼓（绝大部分会以家务小孩繁忙为由），退回原地。就像用鼻子四处嗅闻的野生物一样，妈妈必须从外来的刺激和挑战，重新恢复自己的嗅觉和灵敏度。从内在的渴望探索自己，练习对自己发问，提出问题，勇敢地找答案，寻找不同的可能，才能为自己的生活开

▲ 故乡的树和青青草原，是我生命的原乡。小学的绿树，从泥土伸出来的根须，牢牢抓住了我。

辟新的路径。

　　每隔一段时间，透过静思、独处、打坐，甚至出去旅行，周期性地为自己做心灵打扫，学习去了解自己、整理自己、清空自己，把自己带往一个可以提供自己养分和能量的内心世界，对妈妈而言绝对是必要的。

　　英国作家伍尔芙将生活分为"存在的片刻"与"不存在的片刻"。"不存在的片刻"指的是琐碎乏味、千篇一律，被盲目的生活所淹没，不知自己为谁而活的时光。而"存在的片刻"指的便是偶然间迸发的直觉和内心火焰闪动的火光，你突然知道自己该怎么活，感觉自己的存在感，好像在黑暗中点燃了一根火柴，你感觉生命有一种光辉和油然而生的喜悦。

　　你为自己点燃了那一把火了吗？

◀ 找到自己的渴望，点燃热情的火种。

不同阶段，为自己画不同的自画像

常听人说，母亲在不同阶段，都有不同的烦恼。母亲的旅程，是永无止境的。这也意谓母亲在每个阶段，都有不同的学习难题。

在我看来，母亲最大的挑战在于，老是想把孩子塑造成一个怎么样的人，却不知自己是一个怎么样的人。有一回，我在画室为自己缝制了一个面具（自画像）。唯有自己描绘自己，你才会发现画自己是最难的。唯有你回顾自己每个阶段的样子，你才会猛然发现，有时候你很难用几句话来定义自己。某个阶段你对自己是满意的、骄傲的；但在某些阶段，你发现自己对自己竟然是模糊的、陌生的，甚至不想面对，只想默默隐藏在心里面，不想让别人看见。

四十几岁的大人，难免会为自身的生命感到迷惘，何况是我们的小孩呢！埃思戴丝建议我们在不同的阶段，为自己缝制不同的"人格面具"，再加以融合。

她说，"你也许会问，心灵内究竟有几个自我？答案是'很多'，但通常会有一个自我最具主导力。就像墨西哥的村庄和农舍一样，心灵向来处于至少三个阶段：破旧倒塌的那部

分，你住在其中的那部
分，以及正在兴建中的
那部分。

　　我们应该在生命的
路上拥有许多'人格面
具'，收集它们并缝上
几个。在我们年纪愈来
愈老时，若能拥有一个
随时可供使唤的收藏，
我们应能在自己想要的
任何时间，扮演自我的
任何面向。然而，到了

▲ 找到自己盛开的方式，勇敢地活着。

生命某个阶段，尤其到了中老年，一个人的所有'人格面具'
会开始神秘地互相移入合并。最终，会发生一件像原子炉'炉
心融解'一样的事情：人格面具完全消失，而那可被称为'真
我'的东西同时出现在耀眼光芒中……"

　　我想，不管是孩子还是父母，最后我们所追寻的，应该是
生命整体的融合、人事的圆融，和不断的成长。就像我的自画
像中那一株不断往上成长的绿竹和花朵，我们总会找到自己盛
开的方式，并且勇敢地活着。

女人，你的名字不只是母亲

当了妈妈之后，我常看许多灵性成长书，发现书中常有同样的说法。每个人来到世间前，都设计了一张属于自己的生命地图，拟定好这一生的成长计划。除了外在的肉体，我们还有内在的灵魂和精神。时间一到肉体必然会凋零消失，但生命的灵魂却是永恒的。所有的困顿挫败，都只是为了让内在的灵魂有所成长。

不管是佛教的业力、基督教上帝的旨意，或者依据出生前计划我们自己所设计好的生命地图，一再显示这辈子我们所经历的每一件事，并没有所谓的意外和巧合。你所相遇的每个人（包括你身体的病痛）都有某种原因、某种意义，涵藏着日后才会明白的"上天的旨意"。你的伴侣、你的小孩、你亲近的家人和朋友、也许都是累生累世约定好一起成长的灵魂家族。

因此，你会发现你总是和某个人特别有缘，或者总是特别惦记着某个人，不管是亲子、夫妻、朋友，所有人事上的纠缠、疼痛和挫败，都是上天带给你的生命礼物。只要你生命有个关卡没有跨越过去，没有学会，就得不断重来。上苍似乎有一双眼睛，默默地把一切收进眼底，借由推动命运的那双手，转换各种形式，不断地在同一个伤口重复地让你感到疼痛，直到你通过考验，了解上天要给你的成长讯息。

我深信，每个人来到人间都有他必须学习的课题。每个父母和孩子都拥有一张必须自我成长的生命地图，也许某段时期彼此的生命地图重合度比较高，但绝不可能相同，也绝不可能彼此取代，最终每个人都必须为自己的人生负责。因此，我常觉得，父母这一生的职责，并不是帮孩子决定他的一生，而是当一个守护者，陪伴孩子跃过各种困难，通过生命的试炼。

卡夫卡的短篇小说《蜕变》，值得妈妈细读。书中主角戈勒格尔为了偿还父母亲的债务，成为自己并不想做的布料推销员，一年到头卖命地工作，赚的钱几乎交给家人，自己不但没有喘息的时间，还暗自计划要送有音乐才华的妹妹进入音乐学校就读。不断地为家人付出，完全没有自己的戈勒格尔，有一天清晨醒来，突然发现自己变成一只巨大的虫躺在床上（隐喻他回复本性，找到真正的自我）。当他动弹不得，无法和受到惊吓的家人沟通，只能自己跟自己说话时，虽然听见自己内在的渴望和真实的声音，却为时已晚。戈勒格尔长期成为公司和家庭的齿轮，出卖了自己的灵魂，自以为为家人和公司尽心付出，最后却在孤独与哀伤中，不被任何人了解，黯淡地死去。每一次阅读，都让我忍不住潸然落泪。

卡夫卡说，"人生有两种选择：做你自己或安于现实。后者是一种愿望的满足，因此是怠惰的；前者是一个起点，所以是行动的。"很多女人，尤其是全职妈妈，这辈子只为家人和小孩而活。其实女人的角色多元，也多重。"母亲"只是女人一生的历程中，其中的一个角色，而不是生命的全部。妈妈应该摊开自己的生命地图，找到自己的生命坐标，花一点时间想想，当孩子离开母巢展翅飞翔，自己还可以做些什么、学些什么？

女人，你的名字不只是母亲。

生命是一场严肃的实验，永远充满未知和挑战。
我对孩子的未来有很多的想象，也开放很多的可能；
而我自己的实验旅程，也持续进行着。

后记
我曾做过的三个
生命实验

我曾做过的三个生命实验

～～～～～～～～～～～～～～～～～～～～～～

儿子小学毕业典礼时，有一段播放着每个毕业生从小到大的成长照片，我的眼泪掉得比儿子还多。回想十二年来的教养旅程，儿子简直是我教育的实验品啊。儿子是我全职带大，没有读过幼儿园。上小学之前，我故意不教他写字，我教他用画去画，教他打开耳朵聆听，打开眼睛观察，打开心灵阅读这个世界。

上小学之后，我只在乎他有没有开心，有没有对自己做的事尽责，其他一切都随他自由发展。许多家长也许以为我这种"自然放养"的管教，会让孩子没有竞争力，没想到让儿子往自己的兴趣发展，仍然以全校第一名的成绩毕业。

我不在乎他得第几名，只知道如果我强迫儿子读书，他一定不会有属于自己的成就，也不会快乐。我真正开心的是，我给了儿子一个快乐的童年。

很多家长想尽办法栽培孩子，也许想要一个"绝对性"的教养结果，以为"我为孩子做了……孩子绝对会……"这种

"绝对""非得怎么样不可"的教养观，造成父母自身的焦虑，也剥夺孩子成长的快乐。我觉得教养，甚至生命本身，只是一场假设性的实验。因为只是"假设"，相对地也给自己和孩子更多弹性的空间，也会随着外在的变因调整自己，心态是开放的，容许自己和孩子做更多的探索。

陪伴孩子十二年，我做了三个假设性的实验。

实验一：上小学前，不教孩子写字，将来学业成绩会跟不上吗

我做这个实验的前提是，学写字只是一种知识性的技能，只要自己愿意努力就可以迎头赶上。学习最重要的关键，应该是孩子的热情和动力。如果我在孩子上小学前，打开他探看这个世界的眼睛，养成他认真探索、自我负责的态度，哪怕将来上了小学，学写字落后一些，只要我们好好陪他，应该可以慢慢跟上。

很多家长提早让孩子学写字，也许是希望孩子吸收更多课外知识。虽然我没有刻意教儿子写字，但儿子仍然很自然地认得一些字并念出正确的发音。譬如，有时念故事书，我会指着书一个一个字慢慢念；去餐厅吃饭，我会让儿子看菜单，告诉

他菜单上的字代表什么意思，让他学习自己点餐；走在路上逛街，我也会指着招牌上的字和图案，告诉他招牌代表的意义。

换句话说，我只是没有强迫儿子"用手拿笔学写字"，但他仍然很自然地透过日常生活、电视、DVD、听 CD、做各种科学实验、去图书馆翻书，透过视觉、听觉、触觉各种感官的刺激，认得一些字并展开学龄前多元的学习。

我和先生都是老师，原本有能力在儿子上小学以前教他小学一年级的所有课程。但如果我们真的这么做，儿子以后去学校还学些什么呢？我认为学校有学校的功能，父母在学龄前应该要给孩子"学校不能给的"，比如"亲情的陪伴照顾"与"没有堂数限制，不会被时间切割的学习"。因此儿子小学以前，我总是带着他四处旅行，自由自在地玩，尽情地探索。

儿子上一年级之后，一开始因为不会用手写字，在握笔与写字速度的确比较慢，但一两个月之后就完全跟上了，往后小学六年的成绩都名列前茅。小学毕业后，在山上度过快乐童年的儿子，自己选择了一间和山上一样有老树、老房子、蓝天的私立中学就读。私立学校升学压力重，但他适应良好，不仅考上减免学费的奖学金，体育和课业的表现也很优异。

我觉得"不刻意教儿子写字"这个实验的过程，最宝贵的是儿子学到"从不会到融会贯通""解决问题的能力"与"一个学生该有的学习态度"。因为幼儿园时父母全都教过小学一年级的课程了，很多孩子第一次上课不是变得很油条，就是很不容易专心。儿子因为不会写字，也没有接触正规的学校教育，反而很专心，虽然刚开始完全不会写字，但经由父母的陪

伴和老师的教导，儿子慢慢升起一种自信，原来从不懂到融会
贯通，可以经由"自己努力尝试""发出求救讯号""找到学习
的好方法""上课专心听"或"请教别人"便可以克服，学会
自己想学的。

这种学习的动力和自信，也帮助儿子克服学习英文的难
题。上小学以前，我并没有刻意让儿子学英文，只是去图书
馆借英文故事 CD，偶尔让儿子听一听。到了小学四年级，儿子
发现自己英文程度严重落后，老师在课堂上讲什么完全听不懂，
儿子像学写字的过程一样，先"上课专心听""自己努力尝试"，
再"发出求救讯号""请教别人"。无奈我和先生的英文听与说
的能力都不行，无法帮儿子什么忙。最后，儿子为了"找到学
习的好方法"，主动要求去外面的美语班听课。因此，从小学
四年级开始，在外面的美语班上课迄今（现在上初中一年级），
英文从听不懂、严重落后到迎头赶上，一点也没有让我操心。

实验二：孩子没有读幼儿园，将来上学人际关系会不好吗

我的想法是孩子的人际关系，关键不在有没有读幼儿园，
而是在陪伴孩子的过程中有没有带领他们走入人群，和家庭以

外的成员互动。

从孩子会走路开始，不管上市场买菜、逛街、听演讲或看戏，我都会带着两个孩子一起参与。孩子每天最常接触的人是妈妈，从妈妈如何与别人打招呼、沟通聊天，自然而然就会学习如何与周遭的人群互动、应对进退。

此外，把孩子当作一个完整的人去尊重去对话，让孩子体会完整的人性，学习尊重和体谅别人也很重要。一个完整的人，生命的面向是多元的。我让孩子从小就看到妈妈很多不同的面向，不刻意在孩子的面前掩饰我脆弱的一面，或老是用大人的权威武装自己。相对，我用一种生命陪伴生命的方式，让孩子看到妈妈的梦和眼泪，看到妈妈如何面对挫折，找到往前的勇气。

只要我们让孩子真真切切地看到作为一个有情有泪的人该如何好好活着，让孩子体会各种真实的人性。比如，妈妈也会累、也需要休息；妈妈也会受伤，也有说不出口的难处。同理，其他人也像妈妈一样。如此，孩子便能用一颗温厚的心去体谅别人，同时也会带着感情的眼光去观看这个世界的芸芸众生。我想，一个从小就会尊重、体贴别人的孩子，自然便能跟周遭的人群保持良好的互动。

你怎么对待别人，别人就怎么对待你。这是儿子虽没有读

幼儿园，仍能从小一到国一都拥有好人缘的原因吧！

我并没有反对孩子读幼儿园、上才艺班，当然也没有坚持不教孩子写字。教养的方式不是绝对的，重要的是父母和老师如何引导。我之所以举儿子当例子，是因为儿子的成长历程和其他孩子不同，却依然可以开心快乐地做他自己。

父母只要不要拔苗助长地强迫孩子，不妨依自己的想法去做不同的尝试和教育实验。如果孩子喜欢读幼儿园，写字也写得很开心，为何不让孩子开心地去学习呢？譬如，女儿看儿子上小学，也想上学读书，后来读了两年公立幼儿园学写字，自己也主动在外面找老师学画、学英文。目前女儿在学校活跃于直笛、广播、田径等社团，代表学校参加演讲、朗读、作文、

画画各种比赛。两个孩子我采用不同的教养方式，却一样乐观
自信，度过幸福快乐的童年。

实验三：如果把自己还原成新生的种子，我会怎么长呢

国际创价学会会长池田大作说："教育常被比喻为种植草木。虽然施肥、除草的是人，从大地吸取肥料的却是草木自己的力量。"从二〇〇〇年请育婴假、辞去教职陪伴孩子成长，我觉得最大的挑战就是拿自己做实验，把自己归零，像初生的种子，重新找到长大的力量。

这是一个自己跟自己搏斗的旅程，也是一个返乡的寻根之旅。

透过养育小孩、写作和涂鸦，我返回童年的故乡，甚至生命最初的原乡。我往记忆的深处挖掘出一条又一条的心灵隧道，企图找出埋藏在生命深处的根须，让它重新探出地表，找到重新发芽、重新绽放的动能。但这样抽丝剥茧面对自己的过程并不甜美，反而充满各种痛苦。

我们不能闭着眼睛放一把火，把过去的自己烧成灰烬，以为一切就像过眼烟云。最大的困顿在于，你敢不敢睁开心灵的

双眼，在返乡寻根的旅程中，从每一次的疼痛中，检视痛苦的
来龙去脉，思索它带给我们的意义。

我常想着，生命的背后真的有一双命运的手在主宰吗？从
出生的家庭、求学交朋友、结婚生子，种种成长的历程似乎有
一双无形的手，主宰着每个人的命运。我不想被它主宰，拼命
想逃开，却老是被一条无形的丝线牵引着。偶尔我会跟菩萨或
上帝抗议，用质疑的语气质问他们，为何我总是跟命运拉扯不
肯认输？为何我总是那么渴望突破自己？我真的很不想屈服，
也不想老是被命运的丝线所捆绑，真的！

从二〇〇五年辞职，从零出发，我用手中的笔、眼中的
泪，洗涤过去成长中的憾恨和苦恼，拨开表面的杂质和尘埃。

渐渐地，我卸下没必要的武装和重担，曾经很真挚却被现实的柴米油盐淹没，一种不敢再想望的情怀开始像巨浪般，一幕又一幕，从我的心头席卷而过。我终于听见很多被我忘怀的、来自土地的、生命的、童年记忆的声音。

这一本书正是我为人母、为人妻之后，面对生命中的尘网，一条又一条厘清捆绑在自己身上的命运丝线，找到生命的根、土地的根、情感的根，并从养育两个孩子长出新的自己，一个妈妈的爱与自我追寻的旅程。

我在书里描绘了"家的心灵地图"，这个"家"有对原生家庭的探索，也有一家四口的爱与欢笑。期间，有我对命运的抗衡、对生命的领悟，以及对自己的反思；当然也有为人母、为人妻养儿育女的喜悦和潸然落下的眼泪。

沟通分析创始人柏尼曾经说："每个人都曾比现在的自己年轻，每个人的内心都携带着早年凝固下来的残迹，这些残迹在某些状况里会再度活跃起来……"重新搅动这些"早年残迹"的人，往往是我们疼爱的子女和最亲密的伴侣。我们无法改变儿时烙刻在心上的记忆，却可以用成人的眼光、长大后的眼睛，重看儿时的家庭和父母，和童年的自己重新对话。当你愿意用爱包容过去，成熟长大了，也就松绑了捆绑在你身上那条命运的丝线。这样，受益最大的其实是你自己，和你目前

的家庭成员。

这一路走来，要感谢的人非常多，没有他们我无法走到现在。感谢陆雅青老师和蔡渝娴老师开启我的绘画之眼，感谢我先生当年有勇气让我辞职，感谢两个小孩丰富了我的创作，感谢娘家和婆家的家人给我写作的支持；感谢我的好友、读者、学生、广播电台主持人，以及编辑朋友不断地给我往前走的力量。更感谢天下杂志群《康健杂志》总编辑李瑟、副总编辑惠如，以及惠婷、樱憓、家盈、亚屏、俐君对这本书的付出。

生命是一场严肃的实验，永远充满未知和挑战。我对孩子的未来有很多的想象，也开放很多的可能。而我对自己的实验旅程，仍然持续进行着。每次提起笔书写或画画，总有个声音轻轻撞击着我："长大后，我们追求成功，学会了包装，却失去了自己的外皮，遗忘了灵魂的内里。如果我回到童年纯净的质朴，返回生命的原乡，我可不可以找回内在的灵魂，活出自己的独特？同时，也活得更加闪亮、更加幸福？"

画作里，生命的小精灵乘着绿叶的翅膀，舞动着生命的根须，自在快乐地舞动着，似乎从某个深处传来好多个回音给我。我正竖着耳朵，用心聆听。你呢，你在我的画里看到什么？看完这本书，你可有自己的答案？